APATHY IS OUT

Seán Ó Ríordáin (1916-77) was born in the Breac-Ghaeltacht village of Ballyvourney, Co. Cork, and moved to Inishcarra, on the outskirts of Cork City at the age of 15, following the death of his father from TB four years earlier. Ó Ríordáin himself was diagnosed with TB in 1938, not long after he had begun working as a clerk in Cork City Hall. After resigning from his position due to illness in 1965, he contributed a regular column to the *Irish Times* in which he wrote critically and satirically about language, literature and culture. He also provided a sharp critique of government policies that reneged on the State's commitment to its professed ideals, with greater vehemence as the Troubles in the six counties of Northern Ireland worsened during the 1970s. An occasional lecturer and writer in residence at University College Cork (1969-76), he had a considerable influence on the *Innti* poets who studied there. The diaries he kept from 1940 until a couple of days before his death provide insights into Ó Ríordáin's working method and his anguished quest for meaning in a life frustrated by illness where poetry provided occasional access to truth and authenticity.

Ó Ríordáin published three collections before his death in 1977, *Eireaball Spideoige* (1952), *Brosna* (1964), and *Línte Liombó* (1971). A fourth collection, *Tar Éis mo Bháis*, was published posthumously in 1978, and his collected poems in Irish, *Na Dánta*, in 2011.

Seán Ó Ríordáin

Apathy Is Out
Ní Ceadmhach Neamhshuim

SELECTED POEMS | ROGHA DÁNTA

with translations by
GREG DELANTY

BLOODAXE BOOKS

First published 2021 by
Bloodaxe Books Ltd,
Eastburn,
South Park,
Hexham,
Northumberland NE46 1BS
in association with
Cló Iar-Chonnacht,
An Cheardlann,
An Spidéal,
Contae na Gaillimhe H91 CH01,
Éire.
www.cic.ie

www.bloodaxebooks.com
For further information about Bloodaxe titles
please visit our website and join our mailing list
or write to the above address for a catalogue.

Supported using public funding by
**ARTS COUNCIL
ENGLAND**

Cover design: Neil Astley & Pamela Robertson-Pearce.

Digital reprint of the 2021 Bloodaxe Books edition.

In Memory of Liam Ó Muirthile, file, poet.

ACKNOWLEDGEMENTS

Acknowledgements are due to the editors of the following publications where some of these translations first appeared: *Agenda, An Leabar Mór: The Great Book of Gaelic, Fulcrum, Literary Imagination, Poetry Ireland Review, PN Review,* and *Poetry Review.*

I wish to show gratitude to Liam Ó Muirthile. These translations would not have been possible without his help. I'm also grateful to Seán Ó Coileáin and Seán Ó Mórdha – the literary executors of Seán Ó Ríordáin – for their support, advice and blessing, and to Aidan Doyle for his help.

I also want to acknowledge Joan O'Riordan, John O'Riordan and the O'Riordan family for their written support of this book.

I'm grateful to Saint Michael's College for a grant that helped me complete this project.

GD

CLÁR | CONTENTS

PREFACE

I want to say before I discuss poetry in Irish or in English, that, for me, poetry in all languages is a kind of language unto itself. This is all the more pronounced when it comes to poetry written in Ireland. To risk appropriating the analogy of the shamrock, I see poetry in Irish and poetry in English each as an outer leaf, and the central leaf is the language of poetry. It is a given that poetry in English, since W.B. Yeats, has been influenced by poetry in Irish and is thus a continuation of the Gaelic tradition. W.B. Yeats, Lady Gregory and others tapped back into the tradition of literature in the Irish language and revitalised poetry and literature in English.

This development continued in the poetry of Austin Clarke, Thomas Kinsella, John Montague, Seamus Heaney, Eiléan Ní Chuilleanáin, Eavan Boland, Ciaran Carson, Paul Muldoon, through to younger poets of the present day. A handful of poets kept writing in Irish alive before 1960, and the most important of these poets is Seán Ó Ríordáin. He combined the world of Irish literature and the world of modern English and European literature, and revitalised poetry in Irish. His achievement, which I discuss more fully in the introduction, is the fecund ground out of which younger poets writing in Irish and in English bloomed from the 1960s onward. It is not an exaggeration to say that poetry in Irish has reached a level of achievement within the Irish tradition equal to any period before the nineteenth century, regardless of the state of the Irish language today in general.

I have lived in the United States since 1986 and have taught modern Irish poetry at Saint Michael's College, Vermont, for over thirty years. The poetry written in Irish has to be related to the students in translation. The crux was that there were only a half-dozen or so poems of Ó Ríordáin translated into English until up to 2014 when a *Selected Poems/Rogha Dantá* (Cló Iar-Chonnacht and Yale University Press) was published with translations by sixteen different writers. That it took this long to publish such a book is a mystery in itself. In 2016 Louis de Paor's dual-language anthology *Leabhar na hAthghabhála: Poems of Repossession* was published by Bloodaxe Books with Cló Iar-Chonnacht including a large selection of poems by Ó Ríordáin with translations by four different translators. My own translations were to have been published in 2007 with the blessing of Ó Riordáin's family and estate. The translations of that unpublished book have been revised and added to, and are all now finally appearing in this dual-language edition. *Apathy Is Out*, the earlier dual-language Yale edition and *Leabhar na hAthghabhála: Poems of Repossession* have been made possible by Cló Iar-Chonnacht's acquisition of the rights for Ó Ríordáin's poems and their translations.

Back in 2002 I asked the poet Liam Ó Muirthile – himself a major poet among a group of poets who were spurred by the achievement of Ó Ríordáin's – if he would help me translate the poems. Since I am from Cork I also felt I should know the poems of Ó Ríordáin in a fuller way. From approximately 2002 to 2005 Liam sent me cribs and advised me on my translations, and that is how this present book came about, a book which I hope will complement the aforementioned translations of Ó Ríordáin's poems. *Apathy Is Out* hopefully also adds to the unified sense of Ó Ríordáin's poems by being translated by one individual. I am from the same part of the country as Ó Ríordáin, but writing in English. I hope I catch 'the music you still hear in Munster, even in places it is gone under'.

GREG DELANTY,
Burlington, Vermont,
January 2021

10

INTRODUCTION
(2005-2021)

Anthologies of Irish poetry with English-language translations – with the exception of *Leabhar na hAthghabhála: Poems of Repossession*, which wasn't published until 2016 – generally represent Seán Ó Ríordáin with a combination of the same eight poems: 'My Mother's Burial', 'Behind the House', 'Exchange', 'Death', 'Claustrophobia', 'Frozen', 'Mount Melleray' and 'The Moths'. Except for 'Behind the House', all these poems are preoccupied with struggle, sorrow, sickness and death. None of these poems adequately reflects the range of zest, humour, word-play and subject-matter of Ó Ríordáin's poetry. Poems like 'Syllabling' or 'Catology' exude exuberance, as does the darker poem 'Freedom'. 'Tulyar' is one of the funniest satirical critiques of the attitude to sex in mid-century Catholic Ireland, matching any similar attack by Patrick Kavanagh or Austin Clarke. Like these two contemporaries of Ó Ríordáin, many of his poems struggle with the isolation, guilt and loneliness caused by this dimension of Irish life.

Another of Ó Ríordáin's concerns is identity. Seán Ó Ríordáin was born in Ballyvourney, County Cork, on 3 December 1916. His father, a shoemaker, was a native Irish speaker, as were many in the surrounding area. His mother was an English speaker who spoke little Irish. The future poet spoke mostly English at home. All teaching was through Irish in the primary school at Sliabh Riabhach. During the War of Independence and the Civil War, this region of west Cork near the Kerry border was nationalist and Republican.

The Revivalist writer an tAthair Peadar Ó Laoghaire was from the locality. Seán Ó Ríordáin was influenced by Ó Laoghaire's autobiography, *Mo Scéal Féin* (1915), which was read to him as a child. He recorded in his journal that ever 'since then, every place-name mentioned in the book is magic to me'. The district had a very strong tradition of poetry, folklore and storytelling. The conflict of the worlds of English and Irish is articulated directly in 'O Language Half Mine', and the concomitant theme of identity in poems such as 'Footprints' and 'Exchange'. The modern dilemma of identity was obviously heightened by the duality of his upbringing within such a community. It is, however, shortsighted to comprehend the poems in the light only of the conflict of English and Irish. Seán Ó Ríordáin's preoccupation was with language itself, and the language of poetry in particular. This is a major theme of poets in the 20th and 21st centuries. As the great Italian modernist Giuseppe Ungaretti wrote in 1966:

> After the war we witnessed a change in the world that separated us from what we used to be and from what we once had made and done, as if at one blow millions of years had passed. Things grew old, fit only for a museum. Today everything that is stored in books is listened to as a testimony of the past, not as our own mode of expression... Something in the world of language is totally finished... We are men cut off from our depths.[1]

Ó Ríordáin also tackled 'the impossibility of speech'. That he writes in a language that is barely surviving, like other languages on the earth at present, many already extinct, could be, in itself, a metaphor for so much in our lives, for our own mutability, our fragility, not just our lives but the lives of all humans and all living beings, including the earth itself as we know it.

That said, in at least one poem he has made a breakthrough in the way we generally view the world. The poem 'Ní Ceadmhach Neamhshuim' / 'Apathy Is Out', published in *Línte Limbó* (1971), is Buddhist-like in its universalism and understanding. He sees through the destruction, fragmentation and isolation, so much a preoccupation of his own poetry and modern poetry, to the continuity and connection of everything:

> There's not a place, stream or bush,
> however remote; or a flagstone
> north, south, east or west
> that we shouldn't consider
> with affection and empathy.
> No matter how far South Africa,
> no matter how distant the moon,
> they're part of us by right:
> there's not a single spot anywhere
> we are not part of. We issue from everywhere.

The vision of this poem reminded us of a holistic world view decades before we fully realised that our world – its people, plants and creatures – are interconnected, except now we are being reminded by the planet itself and climate change. This poem could be seen as the fulfilment of the earlier prayerful poem 'A Sheanfilí, Múinídh Dom Glao' / 'Old Poets, Show Us the Way':

> There's a vision there and I know it,
> welling in the womb of my imagination.
> A bodiless bright flame like the wind
> in search of a suitable body,
> a potential child craving life.
> I'm a woman who's neither a virgin nor mother.
> Old poets, teach me the call,
> entice it into my corpus.

It is not a modernist self-absorbed vision of each person's isolation, but a vision of humility which accepts that we are simply part of a much larger world. A vision that must have arisen from the 'unbelievable misfortune' of Ó Ríordáin's own life, and which 'shows us the way'.

When Seán Ó Ríordáin was eleven, his father died from tuberculosis. In 1932 his family moved to Inishcarra, just outside Cork City. He himself was diagnosed with tubercolosis in 1938 and spent the rest of his life in and out of various sanatoria. In accord with the period's medical practice of isolating those suffering the disease, a room was built for him at the back of his Inishcarra home, separating him from the rest of the house, his family and the outside world. The preoccupation of sickness and alienation predominates throughout his poetry.

He attended secondary school in the North Monastery, Cork City, and was an average student. In 1936, shortly after completing his secondary education, he was given the position of clerk in the motor tax office of Cork City Hall. He was frequently absent from work because of illness, hospitalised in Mount Desert, near Mallow in north Cork, and later in Sarsfield's Court, close to Cork City. He forged a lifelong friendship with the writer and scholar Séamus Ó Coigligh, who also worked in the City Hall. Ó Ríordáin took early retirement from the City Hall in 1965, and in 1969 was given a part-time position in the Department of Irish under the auspices of Professor R.A. Breatnach at University College Cork. The conditions of this position were that he was to be available to students five hours a week and also give six lectures a year on literary and cultural themes. Ó Ríordáin's influence was seminal on a younger generation of poets and writers in Cork – writing in both Irish and English – during the early 1970s and 1980s.

Seán Ó Ríordáin never married, nor did he have a lifelong partner. His major relationship was with the west Kerry Gaeltacht. From the 1940s to the end of his life he forged a relationship with that community of Irish speakers. He recognised the strong Gaelic tradition of the south-west of Ireland and breathed new life into it with poems like 'To Daniel Corkery' and 'Return Again'. In the latter poem Ó Ríordáin asks the reader to 'untackle / the halter of the English Pegasus: / Shelley, Keats and Shakespeare. / Return again to what's us.' This connecting back with the Gaelic tradition became particularly important to younger poets such as Liam Ó Muirthile, Nuala Ní Dhomhnaill, Michael Davitt, Gabriel Rosenstock, Louis de Paor and Colm Breathnach. Ó Ríordáin's counterpart in Irish music was Seán Ó Riada, who was in the UCC music department around the same time as Ó Ríordáin held a position in the Irish department. Between them they renewed Irish poetry and music.

Ó Ríordáin did not eschew the English tradition. He was immersed in modernist poetry from Eliot onwards, merging modernism with the Irish Gaelic tradition. As Gearóid Denvir states in his entry on Seán Ó Ríordáin in *The Encyclopaedia of Ireland* (2003):

> His first collection, *Eireaball Spideoige* (1952), at once grounded in Irish tradition and thoroughly modernist in sensibility and tone, revolutionised poetry in Irish. The poems, both individually and as an integrated aesthetic statement, seek to answer fundamental questions about the nature of human existence and the place of the individual in a universe without meaning.

The book was dismissed by Máire Mhac an tSaoi in two reviews as being merely 'the common scruples of conscience of an ordinary Catholic' and, moreover, as being narrated in a discourse that was non-Gaelic. This review deeply upset Ó Ríordáin and he did not publish his second collection, *Brosna*, until 1964. It is, perhaps, true to say that it is this very marriage of the Gaelic and the non-Gaelic worlds, with modernism, which is Ó Ríordáin's greatest contribution to writing in Irish and to the Irish tradition.

As mentioned earlier, another achievement is the renaissance in Irish poetry, for which Ó Ríordáin lay the foundation. The influence of his poetry was so great in the Irish world that he became a cult figure. It may be said that this cult created a reputation that has done his work an injustice for the larger world outside of Irish, in that it made more of him as a poet than it should have, at least in the sense that his body of poetry is slight. I remember the poet Seán Dunne telling me back in the late 1970s in Cork that Seán Ó Ríordáin, as a poet, was as great as W.B. Yeats. I recall him also saying that the poetry of Ó Ríordáin was untranslatable. Perhaps, he is right with regard to the latter, but the glorification of this poet overwhelmed his marvellous achievement and has led to muted disappointment on seeing how small the body of poetry really is – which is not much larger than the extent of the poetry in this book. That said, his achievement as an important poet in Ireland stands and for the reasons given already. That he managed to write the poetry he did in Irish, isolated in so many ways in Cork for decades, is a great achievement in itself.

Seán Ó Ríordáin's publisher was Sáirseál agus Dill in Dublin. His collections of poems after *Eireaball Spideoige* and *Brosna* are *Línte Liombó* (1971) and the posthumous book edited by Seán Ó Coileáin, *Tar Éis Mo Bháis* (1978). He received a D. Litt from the National University of Ireland in 1976, the year before he died. A selection of his poems, *Scáthán Véarsaí*, was published in 1981, edited by Cian Ó hÉigeartaigh. In 2011 Seán Ó Coileáin edited the complete poems, *Na Dantá*. In 1964 *Rí na nUile* was published – a collection of modern Irish versions of old Irish poems, in collaboration with an tAthair Seán Ó Conghaile. Seán Ó Ríordáin wrote a much read and admired column for *The Irish Times*. He also kept a diary from the late 1930s until his death which is now in the library at University College Dublin. It is an important literary document which has not been edited or published in its entirety, although extracts from it were published in Seán Ó Coileáin's biography, *Seán Ó Ríordáin: Beatha agus Saothar*, in 1982, and in 2014 a selection from the diaries, with an entry for each day of the year, was published, *Anamlón Bliana*, edited by Tadhg Ó Dúshláine, published by Cló Iar-Chonnacht. The journal gives a background to his poems and to his aesthetic and literary life. The entry for 7 October 1956 indicates how important this diary was to him:

> This life it seems is a storm. Look at the features of an old
> person. It's clear he has gone through dread, through storm,

and that he believes he's lucky because he has survived. I'm not quite an old man yet. That leaves me in the eye of the storm. I'm in danger of drowning. A person has many tricks to quieten the roar of the storm – alcohol, women, football, religion, work etc. This book, it appears, is my own escape route. It's no wonder there would be much childishness and tomfoolery in it. It's a drug. It's shelter. It's in full flight.

He wrote the last entry in his journal only days before he died on 21 February 1977. Ó Ríordáin is buried in Reilig Ghobnatan, in his native parish of Ballyvourney, County Cork.

Because my Irish is poor and since only a handful of poems are to be found in the anthologies, I asked the poet Liam Ó Muirthile to help me understand the poems, as I wrote in the preface. Liam Ó Muirthile himself was one of the poets who came out of University College Cork when Seán Ó Ríordáin was teaching there. Liam sent me samples of the diary, of which the entry quoted above is taken. These translations, which appear in the order in which they were published within the books, would not have been possible without him. It is a deep sorrow that Liam, who passed away on 18 May 2018, will not see this book's publication. He himself is now buried in Reilig Ghobnatan, near the grave of Ó Ríordáin.

Perhaps the best way to appreciate and understand a poet in another language is to translate the poetry. My approach to translating the poems of Ó Ríordáin has varied from poem to poem. Of the three types of translation characterised by John Dryden, I have chosen to bypass 'metaphrase', which is a crib – the turning of a poem word by word and line by line prosaically from one language into another. I have mainly worked within Dryden's second category of 'paraphrase' or 'translation with latitude', which allows the translator to keep the writer in view while altering words, but not sense, in poems like 'My Mother's Burial' and 'Fever'. In these poems I have attempted to stay true to the sense of the poem, as well as to its rhyme and general prosody, which, of course, is part and parcel of its literal meaning. I kept Paul Goodman's reflections on translation in mind. In a notebook entry from 1957 he stated:

> To translate, one must have a style of one's own, for other wise the translation will have no rhythm or nuance, which

comes from the process of artistically thinking through and molding the sentences; they cannot be reconstituted by piecemeal imitation. The problem of translation is to retreat to a simpler tenor of one's own style and creatively adjust this to one's author.[2]

I have rarely extended my translating into Dryden's third category, 'imitation', which Katharine Washburn, in her introduction to *World Poetry* (1998), describes as 'a translation that departs from the words and sense of the poem where the translator sees fit'. An example is 'Freedom' in which Ó Ríordáin's technique, frequent throughout his poetry, of inventing portmanteau words, is co-opted.

Generally speaking, what English cannot correspond with is the rhythm and to a lesser extent the 'local music' of the Irish, which are so powerful in the poems of Seán Ó Ríordáin. David Ferry laments in his own translation of Virgil: 'But the Latin line, in the authoritative implacable finality of the grammatical structure of this boundary, could not be brought across, and when I read my attempt I feel haunted by its absence.'[3] This applies to how I feel about my own translations here.

GREG DELANTY,
Derrynane, Co. Kerry, July 2005
and Burlington, Vermont, January 2021

1. Quoted by Andrew Frisardi in Giuseppe Ungaretti, *Selected Poems* (Carcanet Press, 2003), xxvii.
2. Paul Goodman, *Five Years* (Brussel & Brussel, 1966), 'Summer 1957, in Europe'.
3. David Ferry, 'Translating from the Ancient', in *Literary Imagination*, 5.2 (Spring 2003), 180-84.

Eireaball Spideoige
A Robin's Tail

(1952)

Apologia

Do chuir an saol thar maoil,
Bhí an uile ní ina chúr,
Den lacht do dheineas im
Chun ná raghadh aon bhainne amú.

Gidh olc an chuigeann ním
Is annamh saol á chrú,
Is bíonn éileamh ar gach im
Le linn an drochshéasúir.

Apologia

Life brimmed over,
every living thing turned to froth,
I churned the cream into butter,
anxious not to waste a drop.

Though I'm no great shakes as a churner
it's seldom life gets milked –
there's demand for every grade of butter
throughout the off season.

An Dall sa Studio

'Suigh síos agus déanfaidh mé pictiúir díot,'
Adúrtsa leis an dall,
'Tá cathaoir id aice ansin sa chúinne.'
D'iompaigh sé a cheann,
Is do shín amach an lámh sin oilte ar chuardach,
Gach méar ag snámh go mall
Mar mhéaranna ceoltóra ar a uirlis,
Is bhí an uirlis ann:
Do sheinn sé ar an aer táin nótaí ciúnais,
Goltraí bog na ndall,
Na snámhaithe critheaglacha gur thuirling
Ar bhruach na habhann –
An suíochán sin a luas-sa leis, sa chúinne,
Is do shuigh sé ann.
Siúd láithreach é ag cíoradh a chuid gruaige,
Mo réice dall!

The Blind Man in the Studio

'Sit down and I'll sketch you,'
I said to the blind man,
'There's a chair near you there in the corner.'
He turned his head,
stretched out a hand well-versed in searching,
every finger swimming at ease
like a musician fingering his instrument.
He played the famous air,
a score of silent notes,
the soft lament of the blind.
He grasped the back of the chair
and eased himself down
on to its bank.
He's off now combing his hair;
Ah, my blind rake!

An Leigheas

Do chaitheas tráthnóna le caidreamh,
Is scamaill go fuilteach sa spéir,
Gur súdh an fhuil as na scamaill,
Is fágadh ann salachar mar chré,
Im thimpeall bhí daoscar cuideachtach
Ag magadh is ag eascainí baoth;
Níor fhéadas suí socair sa bhaile
Ag suirí le leabhraibh an léinn
Is pianta go fuilteach ar m'anam,
Mar bhí fear ar an gcnoc thiar le bé.
   Do thomas an fhuil ins an salachar,
   Sin príomhleigheas an daoscair ar phéin.

The Cure

I was caught up in company all afternoon.
Clouds clotted the sky
until the blood was drained from them
and they turned into clods of clay.
I was surrounded by a rabble
mindlessly carousing and cursing.
Back home I couldn't relax,
courting the learned tomes,
with a bloody ache in my soul.
Behind on the hill a chap courts a young one.
    I lowered myself in the usual way,
    the sole handy remedy for pain.

An Cheist

Tá bás sa tsamhradh chugham gan mhoill:
An stathfad blátha roimh a thíocht,
Nó an sáithfead crúb go ciúin im mhian
Le súil go stathfad sa tsíoraíocht?

Bhfuil síoraíocht ann mar deir na naoimh
Laistiar den chnuimh, den chré sa chill,
An bhfuil an phóg a chailleas beo
Le fáil sa tsaol laistiar den dreo?

The Question

Death comes promptly for me in summer.
Will I pluck a flower before its entry?
Or will I quietly tear away at my desire
hoping I'll be plucked into eternity?

Is eternity, as the saints say,
beyond the worm and clay of the cemetery?
Is the kiss I'm deprived of today
to be found in the life beyond decay?

A Sheanfhilí, Múinídh dom Glao

Tá focail ann dá mb'eol dom iad
Folaithe i gceo na haimsire,
Is táim ag cur a dtuairisc riamh
Ó chuir an ré an tsaint orm:
Táid scaipithe i leabhraibh léinn,
Is fós i gcuimhne seanóirí,
Is ag siúl na sráide im chuimhne féin,
Och, buailim leo is ní aithním iad.

Tá aisling ann, is is eol dom í,
Ag fiuchadh i mbroinn mo shamhlaíochta,
Lasair gheal gan chorp mar ghaoith,
Is corp oiriúnach á impí aici,
Abhar linbh í ag santú saoil,
Bean mé nach maighdean is nach máthair,
A sheanfhilí, múinídh dom glao
A mheallfadh corp dom shamhailtgharlach.

Old Poets, Show Us the Way

There are words, if only I knew them,
hidden in the haze of time.
I'm eternally searching for their whereabouts
since the age drove me astray.
They're scattered in scholarly books,
in the memory of old people,
moseying the roads of my own memory.
Oh, I bump into them without a notion.

There's a vision there and I know it,
welling in the womb of my imagination.
A bodiless bright flame like the wind
in search of a suitable body,
a potential child craving life.
I'm a woman who's neither a virgin nor mother.
Old poets, teach me the call,
entice it into my corpus.

Bacaigh

Im shiúlta tríd an saol
Nuair fhéachaim seal im thimpeall
Dar liom do chím i mbéal
An tsagairt tríd a dhiagacht,
Is i rosc an bhaitsiléir
Ná tadhallfadh bean le píce,
Is i ngliogaireacht na mbé
Lean ceird na geanmnaíochta,
Leamhchúthaileacht gan chéill
Na droinge sin bacaíochta
A shíneann lámh don déirc
Is ná labhrann focal choíche.

Beggars

I look at life around me,
– at the theology
mouthed by the priest,
the blather of a bachelor
who wouldn't touch a woman with a barge-pole,
and the clacking of a young one
schooled in the shorthand of chastity –
and I'm sure I catch the limp gratuity
of that begging crew
who stretch out a needy hand
without a single thank you.

An Peaca

Thit réal na gealaí i scamallsparán,
　Go mall, mall, faitíosach,
Mar eala ag cuimilt an locha sa tsnámh,
　Is do chuimil go cneasta an oíche.

Do scéigh sí go tóin an scamallsparáin –
　Anam dea-chumtha na hoíche –
Mar chomhfhuaim ag titim go ceolmhar trí dhán,
　Is do chritheas le fuacht na filíochta.

Ach teilgeadh daoscarscread míchumtha ard
　'Na urchar trí ghloine na hoíche
Is cheapas go bhfaca na blúiríní fáin
　Fé chrúbaibh an mhasla san aoileach.

D'fhéachas arís ar lámhscríbhinn an dáin,
　Ach prós bhí in áit na filíochta –
An ré is na scamaill is an spéir mar ba ghnáth –
　Mar bhí peaca ar anam na hoíche.

The Sin

The shilling moon slips into a cloud purse
   slowly, slowly, shyly
like a gliding swan caresses a lake,
   caresses softly the night.

The moon spills from the cloud's purse
   – the seamless soul of the night –
like assonance floating through verse.
   I shivered at the coolness of the poetry.

A dreadful holler was flung
   like a shot through the night's pane.
I thought I spotted the slivers
   lying underfoot like a foul stain.

I looked again at the manuscript of verse.
   It was prose instead of poetry.
The moon, clouds and sky turned banal
   after that insult to the soul of night.

An Doircheacht

Ag luí dhom im leaba anocht
Is daille na hoíche ar mo shúilibh
Smaoinim gan feirg gan tocht,
Gan oiread is deoir ar mo ghruannaibh,
Ar na soilse do mhúchadh im shaol:
Gach solas dar las ann do mhúchadh
Le tubaist dochreidte do shéid
Mar an ghaoth seo ag béicigh im chluasaibh.
Is ait liom gur mise an té
A chaill gach aon dóchas a fuair sé,
Is ait liom go rabhas-sa inné
Go dóchasach ainnis im bhuachaill,
Ach tá an doircheacht codlatach séimh,
Níl cúram ar bith ar mo shúilibh,
Is ní saoire ina buile an ghaoth
Ná an té tá gan solas le múchadh.

Darkness

As I lie in bed tonight,
the night weighing on me,
I consider – without tears,
without anger, without surprise –
the lights blown out in my life,
every single light snuffed
by unbelievable misfortune
as if by the howling wind.
Strange to think that I'm the bloke
who's had every hope blown out,
that only yesterday
I was a green, hopeful lad.
Now darkness steadily shrouds me.
My eyes distinguish nothing.
The wind is no freer.

An Stoirm

Tá an doras á chraitheadh is gan Críostaí ann
Ach gaoth dhall stuacach ag réabadh
Go liobarnach siar is aniar san oíche.
Tá a gúna á stracadh anonn is anall
Is á pholladh ag snáthaidí géara
Na fearthainne, atá ag titim 'na mílte.
Tá an tseanbhean fá chritheagla ag féachaint suas
Trí dhíon an tí, ag lorg Dé,
Is port gainmheach na fearthainne go diablaí thuas
Ag báitheadh an fhocail ar a béal.
Siúd léi go himníoch is coinneal 'na glaic
Ag daingniú na fuinneoige;
Nuair thit an solas coinnle ar an ngloine, las
Na ceathanna bolgóidí.
Do ghortaigh dealg fhuar fearthainne mo lámh,
D'fhéachas de gheit;
Braon duibh as an bpeann reatha dhein an smál,
Bheadh braon fearthainne glan.

The Storm

A knocking on the door, not a Christian there.
A blind unrelenting wind
makes shreds of the night –
the sound of a dress thrashing on the line
slashed by sharp hail.
A petrified old lady implores heaven,
her eyes to the ceiling.
The lashing rain drowns
out her prayer.
There he goes gripping a candle,
securing the window latches.
When the light shows on the pane
teeming raindrops appear.
A icy dart of rain pinches my hand.
I looked down with a start;
it's a drop of ink
from my fountain pen.
A drop of rain would be transparent.

Sos

Mar sceach fé thathaint na gaoithe
Tá m'anam á lúbadh anocht,
   Thiar ná thoir níl dídean
   Mar is poll im cheann gach smaoineamh
   Trína liúnn an ghaoth gan sos.

Raghad go halla an rince
Mar a mhúineann fuaimint cos
   Is béarlagar na mianta
   Bodhaire seal don intinn,
   Is gheobhad ansan mo shos.

Ach do labhair gach aghaidh go líofa,
Ach m'aghaidhse bhí i dtost,
   I dteanga nár airíos-sa
   Á labhairt amuigh san iasacht
   'Na mbím go haonarach.

Cumfad féin de bhriathra
Scáthán véarsaí anocht,
As a labharfaidh aghaidh scoraíochtach
A mhalartóidh liom faoistin,
   Is gheobhad ansan mo shos.

Rest

Like a bush bent by the wind
my soul is bowed tonight.
   There's no shelter east nor west.
   Thought is a hole in my head
   the wind blows through without respite.

I'll go to the dancehall.
The solid beat of feet
   and the lingo of lust
   will drown out thought a while.
   Then I'll know respite.

But every gob yapped fluently
– except for my dumb face –
   in a language that's completely
   foreign to that alien place
   where I spend my solitary days.

I'll compose a vocabulary,
a mirror of verse tonight,
out of which a friendly face
will confide in me.
   Then I'll be sound.

Cláirseach Shean na nGnáthrud

Tioc, tioc, tioc, ar chearcaibh ghlaoigh,
   Is do tuigeadh domsa láithreach
Gur dán na focail tioc, tioc, tioc,
   De bhrí go bhfuilid ársa.

Is féidir seinnt mar Orpheus
   Ar chláirseach shean na ngnáthrud,
Tá uaigneas seanda ins an gcat
   Á ghoradh féin gan náire.

Mar do hairíodh an macalla sin
   I gcloignibh gan áireamh –
An caitín muinteartha ina luí
   Go drúiseach ar thinteánaibh.

Is titim siar go leanbach
   Im óige chlúracánach
Nuair a déantar fuarchorpán dem chois
   Le codladh grifín na snáthad.

Tá seanchas sa dúiseacht sin,
   Sa ghigilteas uafásach,
Is púcaí na mbéaloideasaí
   Mar shamhlaíos iad im pháiste.

Ag sin trí téada luaite agam
   Ar chláirseach shean na ngnáthrud,
Gnáthghlaoch ar chearcaibh, cat ar lic,
   Is codladh grifín na snáthad.

The Old Harp of Ordinary Things

Cluck, cluck, cluck – it dawned on me
    that the hens being beckoned,
that the words cluck, cluck, cluck are a poem
    straight from antiquity.

You can pluck like Orpheus
    on the old harp of ordinary things.
That echo was heard
    in many a head.

There's an ageless solitude in the cat
    curled without shame,
the chummy cat luxuriantly
    lounging on the hearth.

I fall back like a child
    on a magic world
as my legs stiffen, fall
    asleep with pins and needles.

There's lore in that waking,
    in that awful ticklesome tremor,
the pookas of folklore
    as I imagined them as a kid.

There, I've touched three strings
    on the old harp of ordinary things:
the ordinary hen cluck, a curled cat on a hearth
    and my leg asleep with pins and needles.

Do Dhomhnall Ó Corcora

Éirigh is can ár mbuíochas croí dhó,
Do mhúin sé an tslí,
Do dhúisigh eilit ár bhfilíochta
I gcoillte blian.

Do dhein dá anam cluas le héisteacht,
Is d'éist gan trua
(Dó féin, ná d'éinne mhúnlaigh véarsa),
Gur thit anuas

De phlimp ar urlár gallda an lae seo
Eoghan béal binn,
Aindrias mac Craith, Seán Clárach, Aodhgán,
Cioth filí.

Do leag méar chiúin ar chuislinn Aodhgáin,
Do chreid a luas,
Do gheal an lá ar intinn aosta
Dúinn ba dhual.

D'fhill sé leo an bhuíon filí seo
An staighre suas,
Is do shiúil sé bóithre lán de Mhuimhnigh,
É féin 's Eoghan Rua.

Do ghoid sé uathu cluas an chine,
Cluas spailpín,
Níor fhulaing dán ar bith a thuilleadh
Ach gin gan teimheal.

Braithim é gan sos ag éisteacht
Mar athchoinsias;
Tá smacht a chluaise ar lúth mo véarsa,
Trom an chuing.

For Daniel Corkery

Get up and sing our thanks to him.
He taught us the way.
He woke the doe of poetry
within the wood of the years.

He made a keen ear of his soul.
He was strict on himself,
on anyone else who shaped a verse.
A band of poets landed

with a bang
on the day's outlandish shore:
Eoghan of the tuneful mouth,
Aindrias Mac Craith, Seán Clárach, Aodhgán.

He placed a quiet finger on Aodhgán's pulse.
He believed in its pace.
The day brightened on an antique mind,
the mind of our race.

He returned upstairs with them,
this band of poets.
He had the measure of the Munster crowd,
himself and Eoghan Rua.

He lifted the ear of his race from them,
the ear of the spailpeen.
He couldn't tolerate any poem
except one without flaw.

He's at my side listening all the time.
He's like a second conscience.
The vigour of his discipline is in my rhyme.
I'm haunted.

Tráthnóna na teangan in Éirinn,
Is an oíche ag bogthitim mar scéal,
D'éist sé le creagar i véarsa,
Is do chuala croí cine soiléir.

The dusk of the language in Ireland,
night fogfalling softly like a story.
He listened to a cricket in verse,
caught the heart of the race clearly.

Adhlacadh mo Mháthar

Grian an Mheithimh in úllghort,
    Is siosarnach i síoda an tráthnóna,
Beach mhallaithe ag portaireacht
    Mar screadstracadh ar an nóinbhrat.

Seanalitir shalaithe á léamh agam,
    Le gach focaldeoch dar ólas
Pian bhinibeach ag dealgadh mo chléibhse,
    Do bhrúigh amach gach focal díobh a dheoir féin.

Do chuimhníos ar an láimh a dhein an scríbhinn,
    Lámh a bhí inaitheanta mar aghaidh,
Lámh a thál riamh cneastacht seana-Bhíobla,
    Lámh a bhí mar bhalsam is tú tinn.

Agus thit an Meitheamh siar isteach sa Gheimhreadh,
    Den úllghort deineadh reilig bhán cois abhann,
Is i lár na balbh-bháine i mo thimpeall
    Do liúigh os ard sa tsneachta an dúpholl,

Gile gearrachaile lá a céad chomaoine,
    Gile abhlainne Dé Domhnaigh ar altóir,
Gile bainne ag sreangtheitheadh as na cíochaibh,
    Nuair a chuireadar mo mháthair, gile an fhóid.

Bhí m'aigne á sciúirseadh féin ag iarraidh
    An t-adhlacadh a bhlaiseadh go hiomlán,
Nuair a d'eitil tríd an gciúnas bán go míonla
    Spideog a bhí gan mhearbhall gan scáth:

Agus d'fhan os cionn na huaighe fé mar go mb'eol di
    Go raibh an toisc a thug í ceilte ar chách
Ach an té a bhí ag feitheamh ins an gcomhrainn,
    Is do rinneas éad fén gcaidreamh neamhghnách.

My Mother's Burial

June sun in the orchard,
      the silksusurrus of afternoon,
a damn bee droning,
      ululatearing afternoon's gown.

I pored over a tarnished old letter,
      every syllable
constricted my breath,
      every piercing word drew a tear.

I remember the very hand that wrote this,
      a hand as familiar as a face,
a hand meek as an old bible,
      a hand that was a balm when sick.

And midsummer fell back into midwinter,
      the orchard became a white graveyard by the river.
In the centre of the dumb whiteness
      the black hole cried out in the snow.

Brightness of a girl on her first communion,
      brightness of the host on a Sunday altar,
brightness of the milksilk ribboning from the breast
      as they buried my mother, brightness of the sod.

My mind was demented struggling
      to grasp the funeral
when out of the white silence a robin flew down
      gently without fear, without fuss

and perched above the grave as if aware
      of its mission, hidden from everybody,
except the body waiting in the coffin.
      I envied their extraordinary intimacy.

Do thuirling aer na bhFlaitheas ar an uaigh sin,
    Bhí meidhir uafásach naofa ar an éan,
Bhíos deighilte amach ón diamhairghnó im thuata,
    Is an uaigh sin os mo chomhair in imigéin.

Le cumhracht bróin do folcadh m'anam drúiseach,
    Thit sneachta geanmnaíochta ar mo chroí,
Anois adhlacfad sa chroí a deineadh ionraic
    Cuimhne na mná d'iompair mé trí ráithe ina broinn.

Tháinig na scológa le borbthorann sluasad,
    Is do scuabadar le fuinneamh an chré isteach san uaigh,
D'fhéachas-sa treo eile, bhí comharsa ag glanadh a ghlúine,
    D'fhéachas ar an sagart is bhí saoltacht ina ghnúis.

Grian an Mheithimh in úllghort,
    Is siosarnach i síoda an tráthnóna,
Beach mhallaithe ag portaireacht
    Mar screadstracadh ar an nóinbhrat.

Ranna beaga bacacha á scríobh agam,
    Ba mhaith liom breith ar eireaball spideoige,
Ba mhaith liom sprid lucht glanta glún a dhíbirt,
    Ba mhaith liom triall go deireadh lae go brónach.

The air of paradise descended on the grave.
　　The bird had a terrible saintly gaiety.
I was a man excluded from their private affair,
　　distanced from the grave.

Sorrow's fragrance washed my wanton soul.
　　Chastity's snow fell on my heart.
Now my heart is cleansed I'll bury the memory
　　of the woman who carried me in her womb.

The gravediggers appeared with shovels
　　rigorously spading clay into the grave.
I looked away, a neighbour brushing his trouser knees,
　　the worldliness on the priest's face.

June sun in the orchard,
　　the silksusurrus of afternoon,
a damn bee droning,
　　ululatearing afternoon's gown.

I'm writing little, lame verses.
　　I'd like to grab hold of a robin's tail.
I'd like to brush off those knee scrubbers.
　　I'd just like to get through this sad day.

Na Fathaigh

Thuirling pianta diaidh ar ndiaidh,
  Pian ar phéin,
Níl sa chiapadh ach neamhní,
  Dúrt liom féin.

Tiocfaidh faoiseamh leis an ngréin,
  D'éirigh grian,
Lean mo bhroid ag dul i méid,
  Faire, a Chríost.

Lean na pianta ag argóint,
  Mise an t-abhar,
Focal níl sa phianfhoclóir
  Ná rabhas ann.

Iad am ithe, iad am ól,
  Iad am chrú,
Mé go béasach cneasta leo,
  Mé go humhal.

Ba leosan do chuaigh an lá,
  Mise a chaill,
Namhaid im thigh, an fhoighne is fearr,
  Tiocfaidh faill.

Fan, do chuaigh na pianta thar fóir,
  D'éiríos as,
Léim mo sprid le gliondar mór,
  Lig sí scread.

In aghaidh Dé do lig sí scread,
  Dúshlán fé!
Scaoileadh sé gach pian 'na ghlaic,
  Táimse réidh.

The Giants

Pain descending bit by bit,
   pain on pain.
Torment is nothing
   I try to convince myself.

Respite will come at dawn.
   The sun rose,
but pain just grows worse.
   Watch out, Christ!

Pain continues to argue.
   I am its subject.
There's no word in pain's lexicon
   that I'm not in.

Devouring me, drinking me,
   draining me.
I'm sincerely well mannered to them.
   I'm all humility.

They take the day.
   I am the loser.
The enemy's in my house; patience is best;
   a chance will appear.

Wait, the pain's gone too far.
   I surrender.
My spirit rears
   and hoists a cry,

a scream against God,
   challenging him to throw
everything he's got.
   I'm ready.

Thuirling milseacht tríd an aer,
 Thuirling neart,
Chonac na fathaigh taobh le taobh,
 Dia is an scread.

Sweetness descending through the air,
    strength descending.
I see the two great ones side by side:
    God and the scream.

Cúl an Tí

Tá Tír na nÓg ar chúl an tí,
  Tír álainn trína chéile,
Lucht ceithre chos ag siúl na slí
  Gan bróga orthu ná léine,
  Gan Béarla acu ná Gaeilge.

Ach fásann clóca ar gach droim
  Sa tír seo trína chéile,
Is labhartar teanga ar chúl an tí
  Nár thuig aon fhear ach Aesop,
  Is tá sé siúd sa chré anois.

Tá cearca ann is ál sicín,
  Is lacha righin mhothaolach,
Is gadhar mór dubh mar namhaid sa tír
  Ag drannadh le gach éinne,
  Is cat ag crú na gréine.

Sa chúinne thiar tá banc dramhaíl'
  Is iontaisí an tsaoil ann,
Coinnleoir, búclaí, seanhata tuí,
  Is trúmpa balbh néata,
  Is citeal bán mar ghé ann.

Is ann a thagann tincéirí
  Go naofa, trína chéile,
Tá gaol acu le cúl an tí,
  Is bíd ag iarraidh déirce
  Ar chúl gach tí in Éirinn.

Ba mhaith liom bheith ar chúl an tí
  Sa doircheacht go déanach
Go bhfeicinn ann ar chuairt gealaí
  An t-ollaimhín sin Aesop
  Is é ina phúca léannta.

Behind the House

Tír na nÓg is behind the house,
  a fantastic, topsy-turvy place;
four-footed characters pace
    about without shirt or shoes,
    without English or Irish.

A cloak grows on each back
    in this hugger-mugger place,
a tongue's spoken behind the house
    no one could understand but Aesop
    and he's in the dust now.

There's hens and chickens;
    a steady, uncouth duck;
a great black dog hounding the land
    snarling at everyone;
    and a cat milking the sun.

In the far corner there's a rubbish heap;
    all the wonders of the world lie there;
a candlestick; buckles; an old straw hat;
    a mute toy trumpet;
    and a white kettle like a goose.

It's there the gypsies come,
    saintly, harum scarum,
kin to the back of the home;
    it's here they seek alms
    at the back of every house in Ireland.

I'd like to be behind the house
    in the darkness, late,
to witness, in the moonlight
    the scholarly pooka,
    Professor Aesop himself.

Malairt

'Gaibh i leith,' arsa Turnbull, 'go bhfeice tú an brón
   I súilibh an chapaill,
Dá mbeadh crúba chomh mór leo sin fútsa bheadh brón
   Id shúilibh chomh maith leis.'

Agus b'fhollas gur thuig sé chomh maith sin an brón
   I súilibh an chapaill,
Is gur mhachnaigh chomh cruaidh air gur tomadh é fá dheoidh
   In aigne an chapaill.

D'fhéachas ar an gcapall go bhfeicinn an brón
   'Na shúilibh ag seasamh,
Do chonac súile Turnbull ag féachaint im threo
   As cloigeann an chapaill.

D'fhéachas ar Turnbull is d'fhéachas air fá dhó
   Is do chonac ar a leacain
Na súile rómhóra bhí balbh le brón –
   Súile an chapaill.

The Swap

'Come here' said Turnbull, 'Take a look at the sorrow
    in the horse's eyes;
if you had hooves under you like that, you'd have sorrow
    in your eyes as well.'

It was as clear as day he got the sorrow
    in the horse's eyes.
He reflected so deeply in them that he finally
    found himself inside the horse.

I looked at the horse to catch the sorrow
    welling in his eyes
and saw Turnbull's eyes gaping straight at me
    out of the horse's skull.

I looked at Turnbull and checked again
    and saw on his face
the immense eyes, speechless with sorrow –
    the horse's eyes.

Cnoc Mellerí

Sranntarnach na stoirme i Mellerí aréir
Is laethanta an pheaca bhoig mar bhreoiteacht ar mo chuimhne,
Laethanta ba leapacha de shonaschlúmh an tsaoil
Is dreancaidí na drúise iontu ag preabarnaigh ina mílte.

D'éirigh san oíche sidhe gaoithe coiscéim,
Manaigh ag triall ar an Aifreann,
Meidhir, casadh timpeall is rince san aer,
Bróga na manach ag cantaireacht.

Bráthair sa phroinnteach ag riaradh suipéir,
Tost bog ba bhalsam don intinn,
Ainnise naofa in oscailt a bhéil,
Iompar mothaolach Críostaí mhaith.

Do doirteadh steall anchruthach gréine go mall
Trí mhúnla cruiceogach fuinneoige,
Do ghaibh sí cruth manaigh ó bhaitheas go bonn
Is do thosnaigh an ghrian ag léitheoireacht.

Leabhar ag an manach bán namhdach á léamh,
Go hobann casachtach an chloig,
Do múchadh an manach bhí déanta de ghréin
Is do scoilteadh an focal 'na phloic.

Buaileadh clog Complin is bhrostaigh gach aoi
Maolchluasach i dtreo an tséipéil;
Bhí beatha na naomh seo chomh bán le braitlín
Is sinne chomh dubh leis an daol.

Allas ar phaidrín brúite im láimh,
Mo bhríste dlúth-tháite lem ghlúin,
Ghluais sochraid chochallach manach thar bráid,
Ba shuarach leat féachaint a thabhairt.

Mount Melleray

A storm of snoring last night in Melleray,
days of slothful habit get me down,
feverish days on the hot bed of life,
the lice of lust drain me dry.

During the night a whirlwind of footsteps,
the monks striding to mass,
joy a lilting jig in the air,
the monks' soles beating time.

A brother dished up food in the refectory,
a serving of gentle silence his balm,
a blesséd awkwardness writ all over him,
the natural humility of a good man.

A splash of light poured slowly
through the beehive of a window,
framing the monk from head to toe.
The sunbeam commenced the reading.

A cold monk took over.
The clock cleared its throat.
The monks of light were quenched,
the Word snuffed out.

The compline hand struck, every guest
trekked sheepishly to the chapel.
The monks were white as snow,
the rest of us black as hell.

Clammy beads clung to my hand,
my pants stuck tight at the knee,
a cowled procession of monks wound by.
I felt like a voyeur as I sneaked a peek,

Ach d'fhéachas go fiosrach gan taise gan trua
Mar fhéachadar Giúdaigh fadó
Ar Lazarus cúthail ag triall as an uaigh
Is géire na súl thart á dhó.

Do thiteadar tharainn 'na nduine is 'na nduine,
Reilig ag síorphaidreoireacht,
Is do thuirling tiubhscamall de chlúimh liath na cille
Go brónach ar ghrua an tráthnóna.

'Tá an bás ag cur seaca ar bheatha anseo,
Aige tá na manaigh ar aimsir,
Eisean an tAb ar a ndeineann siad rud,
Ar a shon deinid troscadh is treadhanas.

'Buachaill mar sheanduine meirtneach ag siúl,
Masla ar choimirce Dé,
An té 'dhéanfadh éagóir dá leithéid ar gharsún
Do chuirfeadh sé cochall ar ghréin;

'Do scaipfeadh an oíche ar fud an mheán lae,
Do bhainfeadh an teanga den abhainn,
Do chuirfeadh coir drúise in intinn na n-éan
Is do líonfadh le náire an domhan.

'Tá an buachaill seo dall ar an aigne fhiain
A thoirchíonn smaointe éagsúla
Gan bacadh le hAb ná le clog ná le riail
Ach luí síos le smaoineamh a dhúile.

'Ní bhlaisfidh sé choíche tréanmheisce mná
A chorraíonn mar chreideamh na sléibhte,
'Thug léargas do Dante ar Fhlaitheas Dé tráth,
Nuair a thuirling na haingil i riocht véarsaí,'

Sin é dúirt an ego bhí uaibhreach easumhal,
Is é dallta le feirg an tsaoil,
Ach do smaoiníos ar ball, is an ceol os ár gcionn,
Gur mó ná an duine an tréad.

gaping without pity or sympathy
the way folk long ago must have gawked
at Lazarus after he rose from the dead,
their eyes all agog.

One by one the monks filed down
to the prayerful graveyard,
the cemetery cowled in a fog of down,
a ghostly pallor on afternoon's cheek.

Death gives life the cold shoulder here.
Death is the only abbot they heed.
The monks are under his thumb.
It's for his sake they fast and abstain.

A mere lad hobbles like a feeble old man.
It's an insult to God.
Such an injustice
clouds the very sun,

midnight shrouds midday
conceals the river's grace,
plants lust in a dove's mind,
fills the world with shame.

The boy hasn't a bull's notion of the mind
teeming with fleshed-out thoughts.
Never mind the abbot, the clock, the rule,
laying with your fantasy.

He'll never quaff the love of a woman
that, like faith, moves mountains,
that once gave Dante a vision of heaven,
angels alighting in verses.

So spoke the haughty, rebellious ego
blinded by life's fury. But then,
hearing the music over my head, it dawned
that the flock's greater than any one person.

D'fhéachas laistiar díom ar fhásach mo shaoil,
Is an paidrín brúite im dhóid,
Peaca, díomhaointeas is caiteachas claon,
Blianta urghránna neantóg.

D'fhéachas ar bheatha na manach anonn,
D'aithníos dán ar an dtoirt,
Meadaracht, glaine, doimhinbhrí is comhfhuaim,
Bhí m'aigne cromtha le ceist.

Do bhlaiseas mórfhuascailt na faoistine ar maidin,
Aiseag is ualach ar ceal,
Scaoileadh an t-ancaire, rinceas sa Laidin,
Ba dhóbair dom tuirling ar Neamh.

Ach do bhlaiseas, uair eile, iontaoibh asam féin,
Mo chuid fola ar fiuchadh le neart,
Do shamhlaíos gur lonnaigh im intinn Spiorad Naomh
Is gur thiteadar m'fhocail ó Neamh.

Buarach ar m'aigne Eaglais Dé,
Ar shagart do ghlaofainn coillteán,
Béalchráifeacht an Creideamh, ól gloine gan léan,
Mairfeam go dtiocfaidh an bás!

Manaigh mar bheachaibh ag fuaimint im cheann,
M'aigne cromtha le ceist,
Nótaí ag rothaíocht anonn is anall,
Deireadh le Complin de gheit.

Sranntarnach na stoirme i Mellerí aréir
Is laethanta an pheaca bhoig mar bhreoiteacht ar mo chuimhne
Is na laethanta a leanfaidh iad fá cheilt i ndorn Dé,
Ach greim fhir bháite ar Mhellerí an súgán seo filíochta.

I gazed back on the desert of my life,
the beads sweating in my hands,
sin, sloth and perverse waste,
the guilt-stricken, stinging years.

I looked upon the monks' time
and recognised a poem on the spot,
metre, clarity, depth and rhyme.
My mind leaned towards an answer.

Confession was a relief this morning,
a weight was lifted. I was myself.
I vaulted and danced in Latin.
I almost landed on the floor of heaven.

Another time I brimmed with self-confidence,
my veins burst with life.
I imagined the Holy Spirit reigned in my brain,
my words poured from heaven.

But now again my mind is spancelled
to God's church. I'd even call a priest a eunuch.
Faith's all crawthumpery. Let's drink without truck.
We'll live it up until we croak.

Monks drone on like bees in my brain.
My mind's bent by a question
that weighs back and forth.
Compline's suddenly over.

A storm of snoring last night in Melleray.
Feverish days of sordid habits bring me down.
The days to come are withheld in God's fist.
This a drowning man's clutching a straw of poetry.

An Bás

Bhí an bás lem ais,
D'aontaíos dul
Gan mhoill gan ghol,
Bhíos am fhéinmheas
Le hionadh:
A dúrtsa
'Agus b'shin mise
Go hiomlán,
Mhuise slán
Leat, a dhuine.'

Ag féachaint siar dom anois
Ar an dtráth
Go dtáinig an bás
Chugham fé dheithneas,
Is go mb'éigean
Domsa géilleadh,
Measaim go dtuigim
Lúcháir béithe
Ag súil le céile,
Cé ná fuilim baineann.

Death

Death was beside me,
I consented to follow
without delay or tears.
I stared at yours truly
in sheer astonishment
and said:
'So, that's me
entirely.
Well, cheerio
now, laddie.'

Looking back
on the time
death came
pronto to me
and I had
to submit,
I reckon I experienced
the delight of a date
greeting her dandy,
though I'm no lady.

Ceol

Do dhún an ceol an t-aer,
    Do chrap an spás máguaird,
Bhí fallaí ceoil gach taobh,
    Is fuaimdhíon os mo chionn.

Bhí leabhar filíochta agam
    Istigh im cheolphríosún,
Filíocht ón mBreatain Bhig
    Nár fháiltigh romham ar dtúis:

Mar do bhrúigh mionchaint an tsaoil
    Thar dhroim gach smaoinimh chugham,
Ach do theasc an ceol an saol
    De radio mo chluas.

Bhí ualach ceoil am bhrú,
    Bhí leabhar filíochta fúm,
Do rugas barróg dhlúth
    Ar véarsa beag banúil,

Is do phógas beol ar bheol
    An beol ón mBreatain Bhig
Is bhí ceol ag brú ar cheol
    Is ceol trí cheol ag cith.

Le fód dem intinn féin,
    Is fód ón mBreatain Bhig
Do chruiceogas an t-aer,
    Dhein both sa cheol istigh.

Music

Music impresses the air,
   the surrounding space.
Walls of music everywhere,
   A soundproof roof above me.

Within my cell of music
   I read a book of verse,
poetry from Wales.
   It shut me out initially.

Life's chitter-chatter tripped up
   the heels of harmony,
till suddenly the music cut me free
   from the static of the everyday.

A groundswell of music hit me.
   I held a book of poems.
I took a tight hold
   of the slender volume.

I kissed the woman from Wales,
   kissed her mouth to mouth,
music pressed to music,
   music spraying through music.

With a sod from my own mind
   and a sod from the Welsh side
I built a hive of air,
   an airy music playing inside.

Oileán agus Oileán Eile

I *Roimh Dhul ar Oileán Bharra Naofa*

Tá Sasanach ag iascaireacht sa loch,
Tá an fhírinne rólom ar an oileán,
Ach raghad i measc na gcuimhne agus na gcloch,
Is nífead le mórurraim mo dhá láimh.

Raghad anonn is éistfead san oileán,
Éistfead seal le smaointe smeara naomh
A thiomnaigh Barra Naofa don oileán,
Éistfead leo in inchinn an aeir.

II *Amhras iar nDul ar an Oileán*

A Bharra, is aoibhinn liom aoibhneas do thí
Agus caraimse áitreabh do smaointe,
Ach ní feas dom an uaitse na smaointe airím
Mar tá daoscar ar iostas im intinn.

Le bréithre gan bhrí,
Le bodhaire na mblian,
Thuirling clúmh liath
Ar mo smaointe.

Mar chloich a cúnlaíodh
Do hadhlacadh iad,
Do truailleadh a gclaíomh
Im intinn.

Naoimh is leanaí
A bhogann clúmh liath
De cheannaithe Chríost
Nó de smaointe.

An Island and Another Island

I *Before Heading to St Finbarr's Island*

There's an English chap fishing on the lake.
The bare truth crowds the island.
I'll comb memory and the stones
and with reverence wash my hands.

I'll row across and pay attention
to the root thoughts of saints
that Finbarr bequeathed the island.
I'll hear them in the grey atmosphere.

II *Doubt before Starting for the Island*

Barra, beauty of beauty your house
and I love dwelling on your thoughts,
but I'm uncertain they're from you
because of the louts lodged in my brain.

With words without meaning,
with the deafness of the years,
mildew lines
my thinking.

My mind is sheathed
like a rock in a scabbard of mould,
the sharp sword of thought
long shrouded in rot.

Saints and children,
scrape the mildew
from Christ's features
and my reflection.

Tá an t-aer mar mhéanfuíoch
Ar m'anam 'na luí,
Bhfuil Barra sa ghaoith
Am líonadh?

Tá Barra is na naoimh
Na cianta sa chria
Is dalladh púicín
Ad bhíogadh.

Tá tuirse im chroí
Den bhfocal gan draíocht,
Bíodh dalladh nó diabhal
Am shiabhradh.

III *An Bíogadh*

Tá ráflaí naomh san aer máguaird
Is an ghaoth ag fuáil tríd,
Tá paidir sheanda im chuimhne i léig,
Is mo smaointe á séideadh arís.

Anseo ar bhuaile smaointe naomh
Do léim chugham samhail nua,
Do chuala tarcaisne don saol
I nguth an éin bhí 'clagar ceoil.

An ceol a raid sé leis an mbith
Dob shin oileán an éin,
Níl éinne beo nach bhfuair oileán,
Is trua a chás má thréig.

The air is like a yawn
stretched on my soul.
Is Finbarr the wind
billowing in me?

Fin and the saints
are in the clay many a day.
Confusion hoodwinks me,
gives me a start.

I'm weary at heart
of dull words,
deception or the devil
delude me.

III *The Start*

There's a rumour of saints everywhere.
The wind is threading the air.
An ancient prayer slips memory.
My thoughts are blown astray once more.

Here in the pen of saints' reflections
a new image leaps to mind:
the song of a bird
showering scorn on life.

The music the bird pours forth
is his own island world; everyone
is granted an island of their own.
Those who ignore that shore haven't a prayer.

IV *Oileán Gach Éinne*

I bhfírinne na haigne
Tá oileán séin,
Is tusa tá ar marthain ann
Is triall fád dhéin,
Ná bíodh ort aon chritheagla
Id láthair féin,
Cé go loiscfidh sé id bheatha tú,
Do thusa féin,
Mar níl ionat ach eascaine
A dúirt an saol,
Níl ionat ach cabaireacht
Ó bhéal go béal:
Cé gur cumadh tú id phaidir gheal
Ar bhéal Mhic Dé
Do scoiltis-se do thusa ceart
Le dúil sa tsaol,
Ach is paidir fós an tusa sin
Ar oileán séin,
A fhan go ciúin ag cogarnach
Ar bheolaibh Dé
Nuair do rincis-se go macnasach
Ar ghob an tsaoil.

V *Oileán Bharra Naofa*

Tráthnóna ceathach sa Ghuagán,
Ceo ag creimeadh faille,
Do chuardaíos comhartha ar oileán,
Do fuaireas é i gcrannaibh.

Im thimpeall d'eascair crainn chasfháis,
Dob achrannach a leagan
Do lúbadar 'ngach uile aird
Mar chorp á dhó ina bheatha.

72

IV *Everyone's Island*

In the mind's core
there's an island of serenity.
You head to that shore –
it's your true island.
You're there already.
Don't be scared of yourself
though your very self
burns you alive.
You're cursed truly
by life itself –
you're just chatter
from one mouth to another,
although, originally
you were a bright prayer
on the lips of God.
You turned from your true country
out of lust for life,
but you're still a prayer
on the island of serenity,
still a whisper
on the lips of God
ever since you lasciviously danced
on the gob of life.

V *Saint Finbarr's Island*

A showery afternoon in Gougane.
fog corroding a cliff.
I looked on the island for a sign,
found it in the trees.

Awry stunted branches rose about me,
entangled in each other.
They writhed this way and that
like a body burning alive,

73

Mar scríbhinn breacaithe ar phár
Is scríbhinn eile trasna air
Chonac geanc is glún is cruit is spág,
Fá dheoidh chonac dealramh Gandhi.

A Bharra, chím i lúib na ngéag
Gur troideadh comhrac aonair
Idir thusa Dé is tusa an tsaoil
Anseo id gheanclainn naofa.

Nuair ghlanann ceo na feola léi
Tig áilleacht ait i rocaibh,
Is féidir cló a mheas ann féin
Sa tsolas cnámhach folamh.

Tá sult na saoirse i gcló na gcrann
Is grá don tsúil a fiaradh,
Tá dúil sa rud tá casta cam
Is gráin don bhog is don díreach.

Is fíreann scríbhinn seo na gcrann,
Níl cíoch ná cuar in aon bhall,
Tá manach scríte abhus is thall,
Sé Barra lúb na ngéag seo.

A insint féin ar Fhlaitheas Dé,
Ag sin oileán gach éinne,
An Críost atá ina fhuil ag scéith
An casadh tá ina bhréithre.

Is macasamhail dá oileán féin
Oileán seo Bharra Naofa,
An Críost a bhí ina fhuil ag scéith
An phúcaíocht ait i ngéagaibh.

or like writing penned on parchment
and crazily scribbled over.
I saw a stumpy snoz, knee, hump, and spawg.
Finally I made out the gait of Gandhi.

O Fin, I see in the twisted branches
that the godly man and the worldly man
fought it out there
in your sanctum stumptorum.

When the fog of our flesh lifts
a weird beauty will show in the striae.
Your form will be measured for itself
within the skeleton of light.

The trees exult in their own form,
in the slantwise look,
in everything stunted crooked,
abhorring anything soft and upright.

The writing of the trees is masculine.
There's not a breast or curve in any character.
The imprint of the monk is everywhere.
Finbarr is in the loop of every limb.

Everyone's version of God's freedom
is his own island.
Christ flows through each vein.
It's in the turn of everybody's words.

This blueprint of each person's island
is the island home of Finbarr,
Christ flowing through each vein
and the weirdness of limbs.

VI *An Sasanach agus Mé Féin*

Tá Sasanach ag iascaireacht sa loch
Is measaimse gur beag leis an t-oileán,
Ach ní feasach dom nach iascaireacht ar loch
Don Sasanach bheith ionraic ar oileán.

Raghad anonn is fágfad an t-oileán,
Fágfad slán le smaointe smeara naomh,
Raghad ag ceilt na firinne mar chách,
Raghad anonn ag cabaireacht sa tsaol.

VI *The Englishman and Myself*

There's an English chap fishing on the lake.
He doesn't dwell much on the island.
Maybe his ideal island
is simply angling on the lake.

I'll get up now and head back.
I'll say cheerio to the root thoughts of saints.
I'll cover up the truth like everyone else,
return to the chitter-chatter of life.

Saoirse

Raghaidh mé síos i measc na ndaoine
De shiúl mo chos,
Is raghaidh mé síos anocht.

Raghaidh mé síos ag lorg daoirse
Ón mbinibshaoirse
Tá ag liú anseo:

Is ceanglód an chonairt smaointe
Tá ag drannadh im thimpeall
San uaigneas:

Is loirgeod an teampall rialta
Bhíonn lán de dhaoine
Ag am fé leith:

Is loirgeod comhluadar daoine
Nár chleacht riamh saoirse,
Ná uaigneas:

Is éistfead leis na scillingsmaointe,
A malartaítear
Mar airgead:

Is bhéarfad gean mo chroí do dhaoine
Nár samhlaíodh riamh leo
Ach macsmaointe.

Ó fanfad libh de ló is d'oíche,
Is beidh mé íseal,
Is beidh me dílis
D'bhur snabsmaointe

Mar do chuala iad ag fás im intinn,
Ag fás gan chuimse,
Gan mheasarthacht.

Freedom

I'll go out and mingle with people.
I'll head down on my own two feet.
I'll walk down tonight.

I'll go down looking for Confinedom,
counteract the rabid freedom
coursing here.

I'll fetter the pack of snarling thoughts
hounding me
in my aloneness.

I'll look for a regular chapel
chock-a-block with people
at a set time.

I'll seek the company of folk
who never practise freedom,
nor aloneness,

and listen to their pennythoughts
exchanged
like something freshly coined.

I'll bear affection for people
without anything original
in their stockthoughts.

I'll keep them company day and night.
I'll be humble
and loyal to their snuffed minds

since I heard them
rising in my mind
without control.

Is do thugas gean mo chroí go fíochmhar
Don rud tá srianta,
Do gach macrud:

Don smacht, don reacht, don teampall daoineach,
Don bhfocal bocht coitianta,
Don am fé leith:

Don ab, don chlog, don seirbhíseach,
Don chomparáid fhaitíosach,
Don bheaguchtach:

Don luch, don tomhas, don dreancaid bhídeach,
Don chaibidil, don líne,
Don aibítir:

Don mhórgacht imeachta is tíochta,
Don chearrbhachas istoíche,
Don bheannachtain:

Don bhfeirmeoir ag tomhas na gaoithe
Sa bhfómhar is é ag cuimhneamh
Ar pháirc eornan:

Don chomhthuiscint, don chomh-sheanchuimhne,
Do chomhiompar comhdhaoine,
Don chomh-mhacrud.

Is bheirim fuath anois is choíche
Do imeachtaí na saoirse,
Don neamhspleáchas.

Is atuirseach an intinn
A thit in iomar doimhin na saoirse,
Ní mhaireann cnoc dar chruthaigh Dia ann,
Ach cnoic theibí, sainchnoic shamhlaíochta,
Is bíonn gach cnoc díobh lán de mhianta
Ag dreapadóireacht gan chomhlíonadh,

I'll give all my furious affection
To everything that binds them
To every stockthing:

to control, to contracts, to the communal temple,
to the poor common word,
to the concise time,

to the cowl, to the cockerel, to the cook,
to the weak comparison,
to the coward,

to the cosy mouse, to the copper measure, to the covert flea,
to the code, to the codex,
to the codicil,

to the cocky coming & going,
to the costly night gambling,
to the conferred blessing,

to the concerned farmer testing
the wind, contemplating
a field of corn,
to co-understanding, to co-memory,
to the co-behaviour of co-people,
to the co-stockthing.

And I condemn now and for ever
the goings-on of freedom,
independence.

The mind is finished
that falls into freedom's abyss.
There's no hills made by God there,
only abstract hills, the range of the imaginary.
Every hill crawling with desires
that climb without ever reaching fulfilment.

Níl teora leis an saoirse
Ná le cnoca na samhlaíochta,
Ná níl teora leis na mianta,
Ná faoiseamh
Le fáil.

There's no limit to freedom
on Mount Fancy,
nor is there limit to desire,
nor any relief
to be found.

Siollabadh

Bhí banaltra in otharlann
    I ngile an tráthnóna,
Is cuisleanna i leapachaibh
    Ag preabarnaigh go tomhaiste,
Do sheas sí os gach leaba
    Agus d'fhan sí seal ag comhaireamh
Is do bhreac sí síos an mheadaracht
    Bhí ag siollabadh ina meoraibh,
Is do shiollaib sí go rithimeach
    Fé dheireadh as an seomra,
Is d'fhág 'na diaidh mar chlaisceadal
    Na cuisleanna ag comhaireamh:
Ansin do leath an tAngelus
    Im-shiollabchrith ar bheolaibh,
Ach do tháinig éag ar Amenibh
    Mar chogarnach sa tseomra:
Do leanadh leis an gcantaireacht
    I mainistir na feola,
Na cuisleanna mar mhanachaibh
    Ag siollabadh na nónta.

Syllabling

A nurse in the infirmary
    on a bright afternoon,
pulses in the beds
    pounding away time.
She stood at the head
    of each man for a while counting,
wrote down the beats
    syllabling on her fingers.
In time she syllabled
    out of the ward
leaving a band
    of pulses beating time.
Afterwards the Angelus
    syllabelled on trembling lips,
but the amens died
    to a murmur in the ward,
drowned out by the hymns
    in the monastery of flesh.
The pulses like monks
    syllabling heavenward.

Brosna

Kindling

(1964)

A Ghaeilge im Pheannsa

A Ghaeilge im pheannsa,
Do shinsear ar chaillis?
An teanga bhocht thabhartha
Gan sloinne tú, a theanga?

Bhfuil aoinne inár dteannta
Ag triall ar an tobar?
Bhfuil aon fhocal seanda
Ag cur lenár gcogar?

An mbraitheann tú pianta,
Dhá chíoch bhfuilid agat?
Pé cuma ina luífeá,
Arbh aoibhinn an t-amharc?

Pé cluas ar a luífeá
San oíche, pé eagar
Ina dtitfeadh do chuail dheas cnámhsa, a theanga,
'mBeadh fhios ag an easpag, an bráthair, an sagart
Nár chuí dóibh aon mhachnamh rómhór ar do bhallaibh,
Ar eagla an pheaca?

An leatsa na briathra
Nuair a dheinimse peaca?
Nuair is rúnmhar mo chroíse
An tusa a thostann?
An suathadh so i m'intinn,
An mbraitheann tú a shamhail?

Do d'iompar atáimse,
Do mhalairt im chluasaibh,
Ag súrac atáirse
Ón striapach allúrach,
Is sínim chughat smaointe
A ghoideas-sa uaithi,
Do dhealramhsa a chímse,
   Is do mhalairt im shúilibh.

O Irish in My Pen

O Irish in my pen
have you lost your line?
Are you a poor bastard
without lineage?

Does anyone on your routine
accompany you to the well?
Is there any word from Hippocrene
can ease our parched whisper?

Do you feel pain?
Are you a lovely female?
Are you at your best
whichever way you rest?

Whatever side you lie at night,
whatever way
you stretch your lush limbs
the bishops, brothers and priests may well say
it's improper to dwell on your body
for fear of hell?

Do the words belong
to you when I do wrong?
When my heart hides something
is it you saying nothing?
Do you sense the insane
turmoil in my brain?

I lug you everywhere.
Lady Nemesis bugs my ear.
You suck up to that foreign whore.
I slip thoughts to you
that I pilfer from her.
It's your appearance that lies
    there behind the exchange of eyes.

Rian na gCos

Anois ba mhaith liom bualadh leis
  Nuair nach féidir é,
Ó dheas a ghabh sé an mhaidin sin,
  Aneas ní thiocfaidh sé.

Maidin ghréine i gCiarraí,
  Ba chlos trithí sruthán
Mar ghlór cailín fé cheilt sa chlaí
  Is mé ag dul thar bráid.

Do shiúil sé liom an mhaidin sin,
  Ár mbeirt ar aon chosán,
Ag siúl ar ais sea tuigeadh dom,
  Chonac rian a chos sa láib.

Ní raibh sé ann gur imigh sé,
  Ní hann go has go brách,
An duine sin 'tá imithe
  Atá sé siúd iomlán.

Mo dhuine bocht 'bhí i bhfara liom,
  Go raibh a anam slán,
Is anam gach a leanfaidh é
  Dem dhaoinese go brách.

Is liomsa anois na cosa sin
  Ar shiúil sé leo sa láib,
Ach ní mé a bhí i bhfara leis
  Ag éisteacht le sruthán.

Níor saolaíodh mé gur cailleadh é,
  Is mó mé i mise amháin,
Cailltear le gach focal mé,
  Ach éiríonn le gach anáil,

Footprints

Now I'd like to meet him
    when it's out of the question.
He went southwards that morning.
    He'll never return.

A sunny morning in Kerry,
    the skitting stream can be heard
like hidden girls' giggling in the gully
    as I pass that way.

He walked with me that morning.
    the pair of us on the one path.
It struck me walking back,
    noticing his footprints in the mud

that he wasn't here till he left.
    Being here he can never be there.
That character who's gone
    is a complete person.

May the soul of that fellow
    who accompanied me,
and the souls of all my diverse selves
    who follow, be saved for ever.

Those feet that printed the mud
    were also mine, yet
it wasn't I who was the one with him
    listening to the stream.

I wasn't born until he died.
    There are many me's in myself.
I die with every word,
    but I rise with every breath.

An mé nua sin a leanann mé
  Go gcomhlíontar mise amháin;
Scata a scrí' na ranna seo,
  Duine as gach anáil.

Sceo ar sceo do scumhadh iad,
  Na daoine seo dem chroí,
Ní hionadh gurb ionmhain liom rian
  A gcos sa láib im shlí.

The new me tags me
   until one becomes the other.
Myriads pen these verses,
   a new person with every breath.

Layer by layer I peel
   these characters from my heart.
It's no wonder I'm fond of the prints
   in the mud as I depart.

Claustrophobia

In aice an fhíona
Tá coinneal is sceon,
Tá dealbh mo Thiarna
D'réir dealraimh gan chomhacht,
Tá a dtiocfaidh den oíche
Mar shluaite sa chlós,
Tá rialtas na hoíche
Lasmuigh den bhfuinneoig;
Má mhúchann mo choinneal
Ar ball de m'ainneoin
Léimfidh an oíche
Isteach im scamhóig,
Sárófar m'intinn
Is ceapfar dom sceon,
Déanfar díom oíche,
Bead im dhoircheacht bheo:
    Ach má mhaireann mo choinneal
    Aon oíche amháin
    Bead im phoblacht solais
    Go dtiocfaidh an lá.

Claustrophobia

Beside the wine
a candle, terror.
The statue of my Lord
appears without power.
What's left of night
invades the yard;
the government of night
rules outside my window.
If my candle is snuffed,
later on, in spite of me,
the night will spring
into my lung;
my mind will be overwhelmed;
fright will overtake me;
I'll become night;
I'll be a live dark:
    but if my candle holds
    a single night
    I'll be a republic of light
    until day dawns.

An Feairín

Ní Ezra Pound atá i gceist anseo, ach duine de na cainteoirí dúchais Gaeilge is binne agus is oilte sa tír. Ní fear beag é ach an oiread ach taibhsítear don té a chíonn é go bhfuil gach ball dá bhaill beag toisc go bhfuil cuma na huaisleachta ar a phearsa.

'Theastódh tigh is gort ón bhfeairín bocht,'
A dúirt an bhean 'dtaobh Pound,
Is bhailigh Pound isteach sa bhfocal di
Is chónaigh ann.

Ní fhaca Pound iomlán go ndúirt sí é,
Is do scrúdaíos é ó bhonn
Fé ghnéithe an teidil sin a bhaist sí air,
Is dar liom gur dheas a rogha.

Tá beirthe ar Phound sa bhfocal sin aici,
Mar feairín is ea Pound,
Do réitigh gach a bhfuil dá chabhail sa bheatha léi,
Ó bharr a chinn go bonn.

Tá buanaíocht age Pound sa bhfocal sin,
Tá suaimhneas aige ann,
Is pé duine eile 'bheidh míshocair inár n-aigne,
Ní mar sin a bheidh Pound.

The Maneen

This poem does not refer to Ezra Pound, but to a native Irish
speaker from Dún Chaoin in County Kerry. He was one of the
liveliest and sharpest speakers of Irish in his time. He was not a
small man, but to look at him one would think that all his parts
were compact because he carried himself with great nobility.

'The *maneen* is entitled to a house and bit of land,'
the woman said about Pound.
Pound set up shop in her customised word
and settled right in.

I didn't see the real Pound till then.
I surveyed him from the frame
of the pet name she set him up in
and to my mind it was spot on.

Pound is fixed for good in her expression
since Pound is a *maneen*
from the ground he stands on
to his crown; her term befits his mien.

Pound is ensconced in her word.
He has peace of mind.
No matter how unsettled our world
Pound is safe and sound.

Seachtain

Dé Luain do thionscain gaoth,
Dé Máirt seordán san aer,
Céadaoin ag caoi ar ghéig,
Déardaoin trí dhaoine shéid,
Dé hAoine ag caoineadh léi,
Dé Sathairn i mbachlainn na ngaoth,
Ach Dé Domhaigh do cheansaigh Mac Dé
Na tonntracha is an ghaoth,
Is bhí an Domhnach séimh,
       Mar bhí lucht Aifrinn ag teacht thar farraige ón mBlascaod.

A Week

Monday a wind rising,
Tuesday the air rustling,
Wednesday a branch sobbing,
Thursday ripped clothing,
Friday kept keening,
Saturday got a wind-hugging,
but on Sunday God's son shushed
the waves and the wind
and the Lord's day was hushed
      so mass-goers could cross the sea from the Blasket.

Reo

Maidin sheaca ghabhas amach
Is bhí seál póca romham ar sceach,
Rugas air le cur im phóca
Ach sciorr sé uaim mar bhí sé reoite:
Ní héadach beo a léim óm ghlaic
Ach rud fuair bás aréir ar sceach:
Is siúd ag taighde mé fé m'intinn
Go bhfuaireas macasamhail an ní seo –
   Lá dar phógas bean dem mhuintir
   Is í ina cónra reoite, sínte.

Cold Snap

One icy morning I went out.
A handkerchief hung from a bush.
I reached to put it in my pocket.
Frozen, it slid from my grip.
It wasn't a live cloth slipped my grasp,
but something that died last night on a branch.
There I was, racking my brain
until snap, its match:
    that time I kissed a relative
    perished in her coffin, stretched.

Na Leamhain

Fuaim ag leamhan leochaileach, iompó leathanaigh,
Bascadh mionsciathán,
Oíche fhómhair i seomra na leapa, tá
Rud leochaileach á chrá.

Oíche eile i dtaibhreamh bhraitheas-sa
Peidhre leamhan-sciathán,
Mar sciatháin aingil iad le fairsingeacht
Is bhíodar leochaileach mar mhná.

Dob é mo chúram lámh a leagadh orthu
Is gan ligean leo chun fáin,
Ach iad a shealbhú gan sárú tearmainn
Is iad a thabhairt chun aoibhnis iomlán.

Ach dhoirteas-sa an púdar beannaithe
'Bhí spréite ar gach sciathán,
Is tuigeadh dom go rabhas gan uimhreacha,
Gan uimhreacha na fearúlachta go brách.

Is shiúil na deich n-uimhreacha as an mearbhall
Is ba mhó ná riamh a n-údarás,
Is ba chlos ciníocha ag plé le huimhreacha,
Is cách ba chlos ach mise amháin.

Fuaim ag leamhan leochaileach, iompó leathanaigh,
Creachadh leamhan-scannán,
Oíche fhómhair is na leamhain ag eiteallaigh
Mór mo bheann ar a mion-rírá.

The Moths

The sound of a fragile moth, a page turning,
the brushing of its winglets
in the bedroom, a night in Fall,
the torment of something frail.

Another night in a dream I felt
a pair of moth wings,
expansive as the wings of an angel,
fragile as any female.

It was my role to hold them,
not let them flutter away,
to take them without harm
and bring them bliss.

But I spilt the blessed powder
sprinkled finely on each wing.
I figured I'd never be numbered
one of the real men

who strutted straight out of my confusion
bragging, as usual, of their prowess,
scoring each other from one to ten.
Everyone, but myself, was heard.

The sound of a fragile moth, a page turning,
the soiling of the moth film,
a Fall night and the moths fluttering.
I make too much of their minor commotion.

In Absentia

Is beag má tá aoinne ann,
Is mó go mór 'tá as,
Ní ar bheith ann
Ár n-aire, ár mbeann,
    Ach ar gan bheith ann a bhrath.

Dá mba nár leamh bheith ann
Cad ba ghá am a mheilt?
Cén fáth an ólfaí leann
Ach chun bheith de shíor amuigh,
    Chun gan bheith riamh istigh?

Pé rud a bhfanfair leis
Ná fan leat féin go brách,
Pé rud a bhfeicfirse
Ná feic tú féin thar chách,
    Bheith dall ort féin is fearr.

Cad is fiú clú is cáil?
Cé bheadh ag éisteacht leat?
Cé thabharfadh breith ar dhán
Is iad go léir amuigh
    Ach amháin Suibhne Geilt?

Muintir an tsaoil ag rith,
Cách ag rith uaidh féin,
Muintir an tsaoil amuigh,
Bhfuil aoinne istigh ach naomh
    Ar thinteán tréigthe Dé?

Má deir aoinne leat
'Tá sé ar chúl an tí,'
Ná tabhair aon toradh air,
Bheadh fhios agat fé thrí,

In Absentia

There's hardly anyone there.
Most are out of it.
Our concern and our care
is not in being there
    but not to feel the being there.

If being there wasn't so dull
why would we need to pass the time?
Why would we drink
except to be always out of it
    and never settle within ourselves?

Whatever else you wait for
do not wait for your self.
Whatever you see
don't see yourself above anyone else,
    to be blind to your own self is best.

What is fame or reputation worth?
Who'd be listening to you?
Who'll pass judgement on a poem
if everyone is outside of it
    except for Sweeney the madman?

Everyone is on the run.
Fleeing from themselves.
They are out of it.
Is there anyone, besides a saint, within
    the abandoned hearth of god?

And still if someone says to you
'You'll find it behind the house,'
don't pay the slightest heed.
You'll cop on yourself much quicker.

Is fós má deirtear leat
'Tá sé sa raingiléis,'
Ná himighse amach
Á chuardach feadh an lae;

Níl sé thall ná abhus,
Níl sé in aon áit,
Níl sé ach amuigh,
Is beidh sé amuigh gan fáil

Go dtí go dtiocfaidh fios
Mar dhuilliúr ar chrann ag fás,
Ansin sea a bheidh sé istigh,
    Is beidh a fhios ag cách.

And still if anyone says to you
'It's in the heap of ramshackle things,'
don't go outside
searching for it all day.

It's neither here nor there.
It's in no particular place.
It is only outside
and it'll stay outside without being found.

Wisdom will only come
like a leaf on a tree.
Then it'll be inside
    and everyone will see.

An Moladh

Is ansin a d'fhiafraigh cách de Dhallán Forcaill .i. d'ardollamh na hÉireann an raibh moladh aige do Cholm Cille. A dúirt Dallán go raibh agus do thionscain sé Colm Cille a mholadh. 'Tabhairse domsa an uair ataoi i do bheatha, luach an mholta,' arsa Dallán. 'Do bhéarfad neamh do gach aon 'mheabhrós an moladh,' arsa Colm Cille.

  – *Beatha Cholm Chille*, Mánas Ó Domhnaill

Mol Dia, a fhile,
Is tabharfar neamh don té
'Mheabhróidh id dhiaidh do mholadh,
Más moladh fónta é.

Is meabhraigh féin an moladh
'Thug Dallán Forcaill féin
Do Cholm Cille in Ulaidh,
Is gheobhairse flaitheas Dé.

Is ait leat sin, a fhile,
Dar leat gur dána an té
A gheallfadh neamh don duine
'Mheabhródh t'fhilíocht id dhéidh:

Ach tuig nach tusa, a fhile,
A luathaigh línte ón spéir,
Ná a chuir do chaint trí thine
Is ceol na n-aingeal léi,

Ach gur tharlaís féin ar mhachnamh
'Bhí ag gabháil trí intinn Dé,
Is do bhís is É, a fhile,
Gan choinne ar aon choiscéim.

The Praise

It was then that everyone asked Dallán Forcaill, the chief poet of Ireland, had he any praise for Colm Cille. Dallán said that he had, and he began to praise Colm Cille: 'Grant me, while you are alive, reward for my praise,' says Dallán. 'I will grant Heaven to everyone who commits this praise to memory,' says Colm Cille.
    – *Beatha Cholm Chille*, Mánas Ó Domhnaill

Praise God, poet.
If it's sound, then it'll be a passport
into paradise for whoever
learns it by rote.

If you know by heart
the praise that Dallán Forcaill
gave Colm Cille in Ulster,
you'll be granted God's kingdom.

You think that odd, poet,
you reckon it's brazen
to tout heaven to anyone
who'll remember what you wrote.

But get this, poet,
it's not you who snatched the lines mid air
and set them on fire,
accompanied by an angelic choir.

You just bumped into the thought
strolling through the mind of God
and found yourself there with Him, poet,
unexpectedly, in step.

A Theanga Seo Leath-Liom

Cé cheangail ceangal eadrainn,
A theanga seo leath-liom?
Muran lán-liom tú cén tairbhe
Bheith easnamhach id bhun?

Tá teanga eile in aice leat
Is deir sí linn 'Bí liom,'
Do ráinig dúinn bheith eadraibh,
Is is deighilte sinn ó shin.

Ní mór dúinn dul in aice leat
Go sloigfí sinn ionat
Nó goidfear uainn do thearmann,
Is goidfear uaitse sinn.

Ní mheileann riamh leath-aigne,
Caithfeam dul ionat;
Cé nach bog féd chuid a bhraithim tú,
A theanga seo leath-liom.

O Language Half Mine

Who tied this bond between us,
O language half mine?
If you won't fully have me, what's the use?
I'm not much good at giving line.

There's another one after me.
She says 'You're mine.'
I'm caught between the pair of you
and am torn in two.

I need to be always around you,
taken solely by you
or else I'll be robbed of your refuge
and robbed of myself.

A half a mind never grinds properly.
I have to give in to you totally
though you're not generous with your goods,
O language half mine.

Fiabhras

Tá sléibhte na leapa mós ard,
Tá breoiteacht 'na brothall 'na lár,
Is fada an t-aistear urlár,
  Is na mílte is na mílte i gcéin
  Tá suí agus seasamh sa saol.

Atáimid i gceantar bráillín,
Ar éigean más cuimhin linn cathaoir,
  Ach bhí tráth sar ba mhachaire sinn,
  In aimsir choisíochta fadó,
  Go mbímis chomh hard le fuinneog.

Tá pictiúir ar an bhfalla ag at,
Tá an fráma imithe ina lacht,
Ceal creidimh ní féidir é bhac,
  Tá nithe ag druidim fém dhéin,
  Is braithim ag titim an saol.

Tá ceantar ag taisteal ón spéir,
Tá comharsanacht suite ar mo mhéar,
Dob fhuirist dom breith ar shéipéal,
  Tá ba ar an mbóthar ó thuaidh,
  Is níl ba na síoraíochta chomh ciúin.

Fever

It's a steep climb from the bed.
The sickly sweltering mound
is a long way from the ground.
   Miles and miles away
   folks still sit and stand.

We're here in the terrain of sheets.
We can barely recall a chair.
   Once we stood sound on level ground,
   in a time of walking, long ago.
   We stood as tall as the window.

A picture swells off the wall.
The frame melts into a haze.
Reason can't stop it.
   Things close in around me,
   the dizzy world spins apart.

A locality is forming in the ether,
a parish perches on my finger.
I could easily pluck off a chapel.
   There are cows on the road to the north.
   The cows of eternity are not as tranquil.

Tost

Is fada mise amuigh,
Is fada mé im thost,
Is nach fios nach amhlaidh bheidh go deireadh scríbe;
Ní cuimhin liom go baileach,
Dá mhéad a mhachnaím air,
Cár leagas uaim an eochair oíche ghaoithe:
Tá m'aigne fé ghlas,
Níl agam cead isteach
Le go ríordánóinn an farasbarr neamhscríte,
Gach barra taoide ait
Dár chraol an mhuir isteach
Ó bhíos-sa féin go deireanach i m'intinn.
Ná bain le dul isteach,
Tá an eochair in áit mhaith,
B'é gur folamh bheadh do thearmann beag iata;
Cuir as do cheann ar fad
An fharraige is a slad,
Is bí sásta leis an aigne neamhscríte.

Silence

I'm a long time silent.
It might be like this to the end of the line.
I can't recall exactly
– no matter how much I wrack my brain –
where I put the key that stormy night.
My mind is locked shut.
I can't find any way
to Ríordáinise the word-drift
that strangely
got washed up on the strand.
My mind is adrift.
Take it easy now.
The key's in a safe place.
Maybe there's nothing there anyway.
Don't take a tack
of notice of the sea and all its wrack.
Accept a clammed-up mind.

Tulyar

A Tulyar, a Stail
A cheannaigh De Valéra ón Aga Khan,
Tír mhór geanmnaíochta tír mo shean,
Tír maighdean, tír ab,
Tír saltar is soiscéal,
Is bráithre bochta ar mhórán léinn,
A Tulyar, sin stair:
Ach cogar, a Stail,
Nach dóigh leat é bheith ait
Ceardaí ded cheird, ded chlú, ded chleacht,
Ded chumas breise thar gach each,
A theacht
Ag cleachtadh a cheirde anseo inár measc
I dtír na n-ollamh, tír na naomh,
An tír a bheannaigh Pádraig féin?
Ní hé gur peaca cumasc each,
Ach suathadh síl ab ea do theacht;
Ní soiscéal Phádraig thugais leat
Ach intinn eile
'Thuigfeadh Eisirt;
Is lú de pheaca peaca, a Stail,
Tú bheith i mbun taithí inár measc,
Id stail phoiblí, lán-oifigiúil,
Thar ceann an rialtais ag feidhmiú.
    An é go rabhamar fachta seasc,
    Gur theastaigh sampla stail' inár measc?
    Nó an rabhamar dulta eiriciúil
    Mura ndéanfaí tusa oifigiúil?

Tulyar

Eh Tulyar, ya Stallion,
purchased by De Valéra from the Aga Khan,
my country was a great one for the soutane,
a country of virgins, of abbots,
of psalters and gospels
and frugal friars with expansive erudition.
Ah Tulyer, that's history.
But come here, Stal.
Did you not think it queer
that an artist of your prowess, stature and fame
of your superpower above all other steeds,
should come
to practise his art amongst us
in this isle of saints and scholars,
the isle blessed by Patrick himself?
It's not that your riding is a sin,
but that your coming stirred us up.
It wasn't Patrick's gospel you brought,
but another mentality
that Eisirt would understand.
A sin is much less of a sin, Stal,
since you came in our midst,
an official public stud
functioning on behalf of the state.
   Had we actually become sterile,
   needing you, our exemplary Stal?
   Would we have turned heretical
   unless you were made official?

An Lacha

Maith is eol dúinn scéal na lachan,
Éan nár gealladh riamh di
Leabhaireacht coisíochta:
Dúchas di bheith tuisleach
Is gluaiseacht léi ainspianta
Anonn is anall gan rithim,
Is í ag marcaíocht ar a proimpe:
Ba dhóigh leat ar a misneach
Gur seo chughat an dán díreach
Nuair is léir do lucht na tuigse
Gur dícheall di vers libre.

The Duck

Here's the story of the duck,
a bird eternally stuck
with a gammy gait.
That's her fate,
the epitome of dumb,
sans rhyme or rhythm,
awkwardly wagging about,
propped on a sagging butt.
You'd swear by her plucky deportment
that a bardic poem was imminent
when it's clear to the universe
he can hardly manage free verse.

Colm

Do Cholm, mac Shéamais uí Mhurchú, dealbhóir

Buanghol, a Choilm, do cheol,
   Ach oireann an deor do d'aois,
Taoi bliain ar an saol anocht,
   Is do thugais le gol trí mhí

A Choilm cheansa, fáth do bhróin
   Lig liomsa, d'athair baistí;
Do laghad féin, an é is cúis leis,
   Do mhionsamhail féin nuair ná facaís?

Cé taoi mion, a mhic go fóill,
   Fairsingeoir le himeacht blian,
Ní hionann is an dream docht
   A chum d'athair as cloch is cria.

Ní náir duit bheith mion go fóill,
   Ní féidir roimh am fearú,
Bíonn cion ar an mion i dtoirt,
   Don mion i meon is gnáth fuath.

Colm

To Colm, son of Seamus Murphy, sculptor

Non-stop crying, Colm, is your music,
    but that's okay at your age.
You're a year in the world tonight.
    You've cried a good three months of that.

Helpless Colm, why such woe?
    Tell me, your godfather.
Is being small the reason,
    nobody your own size around?

Though you're still tiny
    you'll fill out in time,
unlike that stiff crowd
    your father made of stone and clay.

Being small is no shame.
    You'll be a man soon enough.
Better to be small in size
    than to be small in mind.

An Gealt

Tá ag géarú ar a fuadar ó iarnóin,
Is go bpléascfaidh sí a haigne géaróidh,
Tá an seomra ina timpeall ag géarú maille léi,
Is na freagraí atá faighte aici, táid géaraithe dá réir,
Ach cuirfear í go teach na ngealt le hamhscarnach an lae,
Chun go maolófaí an seomra is na freagraí is í féin.

The Mad Woman

Her distress is kindling since noon.
It'll persist till her mind erupts.
The whole room is a tinder-box.
She strikes the answers like matches off herself.
She'll be despatched to the madhouse at first light;
the room, the answers and herself finally snuffed.

Bagairt na Marbh

Tá an seomra teann le bagairt na marbh,
Ní féidir a bhfearg a shásamh,
Níl duine beo faram,
Ach braithim í i m'aice
D'ainneoin í bheith curtha le ráithe;
Níl torann dá ndeinim
Ná cuireann í ar tinneall,
I riochtaibh teacht dúisithe im láthair,
Bí ciúin, is ná cloiseadh an té atá nua-mharbh,
Nua-thitithe i néalaibh an bháis tú.

Dread of the Dead

The room's taut with dread of the dead.
Their fury can't be subdued.
There's no one alive here but myself.
I sense her all around
though she's three months underground.
Every noise I make
has her on the brink
of appearing above ground.
Quiet. Don't let the newly dead,
barely asleep, hear a sound.

An Dá Ghuth

A chumadóir filíochta,
Is duine tú chomh maith –
Mórthimpeall ort tá daoine
Is taoi istigh ina measc,
Is nuair a bheir ag labhairt le daoine
Labharfair as a measc,
Is labharfair claon le daoine
Mar a labhrann daoine leat.

A dhuine atá i measc daoine,
Is file tú chomh maith,
Taoi thíos fé bhun do dhaoine,
Taoi os a gcionn ar fad,
Is nuair a bheir ag labhairt le daoine
Ní labharfair as a measc,
Ná ní tusa labharfaidh puinn leo
Ach d'eaglais ionat.

The Two Voices

Oh, composer of verses
you're gregarious too.
Folks hover about you.
You're in the thick of them.
When you talk with people
you issue out of their midst.
You converse sympathetically
as they chitchat with you.

Oh, fellow amid your congregation
you are also a poet.
You're embossed in the communion.
You're set deep within them.
When you speak with any
you don't commune from their midst so much,
nor do your words issue out of them,
but out of yourself, your own church.

Soiléireacht

Oíche dí ab ea an oíche aréir,
Is le teacht na maidne chonac an domhan soiléir,
Domhan chomh sciomartha ní cuimhin liom é
Leis an domhan seo ar imeallaibh ár ndí aréir.

Focal ann ní raibh doiléir,
Ná baitheas cinn ná baic muinéil,
Anseo is buidéalaí 'bhí fós buidéal,
Bhí gach ní nite ina nádúr féin.

Ba léir anois dom conas mar bhí,
Is cén scéala é age cách,
Is do chonac dom féin lem shúilibh cinn
Don chéad uair riamh cén fáth.

Clarity

Last night I went on a drinking spree.
This morning I see the world clearly.
I can't recall a world so spick and span
as this one on the outskirts of our rantan.

There's not a word without clarity,
not a neck's crook, nor a head's pole.
Here bottle is the essence of bottle –
everything becomes its own nature.

Everything is clear as day,
everyone's story.
For the first time it dawns on me
why it's hunkydory.

Catchollú

Is breá leis an gcat a corp,
Is aoibhinn léi é shearradh,
Nuair a shearr sí í féin anocht
Do tharla cait 'na gceathaibh.

Téann sí ó chat go cat
Á ndúiseacht as a ballaibh,
Fé mar nár chat í ach roth
De chait ag teacht is ag imeacht.

Í féin atá sí ag rá,
Is doirteann sí slua arb ea í
Nuair a shearrann an t-iomlán,
Á comhaireamh féin le gaisce.

Tá na fichidí catchollú
Feicthe agamsa anocht,
Ach ní fichidí ach milliúin
'Tá le searradh fós as a corp.

Catology

The cat loves her own body.
She adores stretching her limbs.
When she stretched herself tonight,
cats rained in cataracts from her.

She flows from cat to cat,
releasing them with each roll
as if she wasn't a cat, but a wheel
of cats coming and going.

She is her own catechism,
a cathedral full of herself,
stretching her whole body,
categorising herself with pride.

I have seen scores of cats
incatinate tonight.
No, not scores, but millions
still to be catalogued out of her body.

Daoine

Imreoir do dhuine anseo
Agus imreoir do dhuine ansiúd,
Taoi scaipithe id dhaoine,
Beir ag athrú choíche
Go n-ídeoir gach duine atá cúl
Le cine, is go n-imreoir an duine is dual.

People

You will play the person here,
you will play the person there.
You're dispersed in guys,
eternally switching disguise
till, out of characters in yourself,
you'll finally play your own self.

Fill Arís

Fág Gleann na nGealt thoir,
Is a bhfuil d'aois seo ár dTiarna i d'fhuil,
Dún d'intinn ar ar tharla
Ó buaileadh Cath Chionn tSáile,
Is ón uair go bhfuil an t-ualach trom
Is an bóthar fada, bain ded mheabhair
Srathar shibhialtacht an Bhéarla,
Shelley, Keats is Shakespeare:
Fill arís ar do chuid,
Nigh d'intinn is nigh
Do theanga a chuaigh ceangailte i gcomhréiribh
'Bhí bunoscionn le d'éirim:
Dein d'fhaoistin is dein
Síocháin led ghiniúin féinig
Is led thigh-se féin is ná tréig iad,
Ní dual do neach a thigh ná a threabh a thréigean.
Téir faobhar na faille siar tráthnóna gréine go Corca Dhuibhne,
Is chífir thiar ag bun na spéire ag ráthaíocht ann
An Uimhir Dhé, is an Modh Foshuiteach,
Is an tuiseal gairmeach ar bhéalaibh daoine:
Sin é do dhoras,
    Dún Chaoin fé sholas an tráthnóna,
    Buail is osclófar
    D'intinn féin is do chló ceart.

Return Again

Leave the mad world behind,
all that's coursing through us this year of our lord.
Put it out of your mind:
the Pale, the Battle of Kinsale....
And, since the load's heavy
and the road long, untackle
the halter of the English Pegasus:
Shelley, Keats and Shakespeare.
Return again to what's us.
Ease your mind, relax
your mouth haltered in the syntax
that's thwarted your voice.
Make a clean breast of it.
Make peace with your own race,
with your own place.
It's not natural for anyone to ditch their own country.
On a bright afternoon take the cliff road to West Kerry.
On the horizon you'll catch sight
of the Collective Blaskets, the Subjunctive Skelligs,
the ancient school of Irish shoaling from the mouths of people:
that's your entry,
    Dún Chaoin in the evening light;
    knock and your own true self
    will open sesame.

AS | FROM

Línte Liombó
Limbo Lines

(1971)

Línte Liombó

Mo ghreidhin iad na línte
A chaitheas a dhiúltú
Nuair phreabadar chun tosaigh
Le bheith ina gcuid de dhán:
Tá a malairt anois ceapaithe
In oifig go postúil,
Is gan ionad don dream diúltaithe
Im chruinnese go bráth.
Cá bhfios dom nárbh iadsan
Dob fhearr a dhéanfadh cúis,
Dob fhearr a chuirfeadh mise
Ins an rud a bhí le rá?
Ach ambasadóirí eile
A sheolas uaim chun siúil,
Fé mar ná beadh ina malairt
Ach aicme gan aird.
Dá nglacfaí leis na línte sin
Dob éigean a dhiúltú,
Cén mise nó frithmhise
A chífí im scathán?

Limbo Lines

Fair play to the striking lines
that I decided to fire.
They originally signed up for hire,
eager to be employed in verse.
Those characters
are now in the bin.
No place for that rejected lot
in my wordy universe.
How can I be sure they'd not
have done a superior job?
Maybe they worked better
than the ambassadors
who took their place.
It was as if these sacked characters
were a foul lot.
Had I stayed with these lines,
the ones I got rid of,
which me or anti-me
would I see in the mirror?

Súile Donna

Is léi na súile donna so
A chím i bplaosc a mic,
Ba theangmháil le háilleacht é,
A súile a thuirlingt ort;

Ba theangmháil phribhléideach é,
Lena meabhair is lena corp,
Is míle bliain ba ghearr leat é,
Is iad ag féachaint ort.

Na súile sin gurbh ise iad,
Is ait liom iad aige,
Is náir liom aghaidh a thabhairt uirthi,
Ó tharla sí i bhfear.

Nuair b'ionann iad is ise dhom,
Is beag a shíleas-sa
Go bhfireannódh na súile sin
A labhradh baineann liom.

Cá bhfaighfí údar mearbhaill
Ba mheasa ná é seo?
An gcaithfeam malairt agallaimh
A chleachtadh leo anois?

Ní hí is túisce a bhreathnaigh leo,
Ach an oiread lena mac,
Ná ní hé an duine deireanach
A chaithfidh iad dar liom.

Ab shin a bhfuil de shíoraíocht ann,
Go maireann smut dár mblas,
Trí bhaineannú is fireannú,
Ón máthair go dtí an mac?

Brown Eyes

Those are *her* brown eyes
in her son's head.
I met her beauty
in her gaze.

It was a privileged rendezvous
with her mind and body.
With those two eyes on you
a thousand years passed in the wink of an eye.

Those blinking eyes of hers
in him undo me.
Since they appear in a man
I can't face her.

I hadn't a bull's notion
those eyes would turn masculine,
those eyes revealed the spirit
of women to me.

What could be more confusing
than this scenario?
How am I to continue the usual
exchange with them now?

She wasn't the first to peer
out of them, nor is her son.
Nor will he be the last
to stare out of them I reckon.

Is that all that's certain:
a scrap living on,
passing from masculine to feminine,
from mother to son?

Ceol Ceantair

Chuala sé an ceol i gcainteanna Dhún Chaoin,
Ní hiad na focail ach an fonn
A ghabhann trí bhlas is fuaimeanna na Mumhan,
An ceol a chloiseann an strainséir;
Ceol ceantair
Ná cloiseann lucht a labhartha,
Ceol nár chualasa riamh,
Toisc a ghiorracht dom is bhí,
Is mé bheith ar adhastar ag an mbrí.

Ceol a cloistear fós sa Mhumhain,
Fiú in áiteanna 'nar tréigeadh an chanúint.

Local Music

He heard music in the Dún Chaoin talk
not the words, but the air,
flowing through the blas of Munster,
the melody a stranger hears;
a local music
inaudible to the speakers;
a music I've never heard,
being too close,
harnessed in its traces.

A music you still hear in Munster,
even in places they've ditched the dialect.

Cloch Scáil

Géaga nocht ar an dtrá,
Boilg is cosa ag fás
As spota de bhríste snámha,
Tráthnóna buí sa bhFómhar –

An cruth daonna á admháil,
Gan ceilt ach ar imleacán,
Is an ilfhaoistin uile bán,
Tráthnóna buí sa bhFómhar –

Ach leanbh cneasdubh amháin,
Drithle na cloiche scáil,
Níos gile ná a raibh ann de bhán,
Tráthnóna buí sa bhFómhar.

Quartz Stone

Naked limbs on the beach,
stomachs and legs sprout
from specks of bathing suits,
a fine afternoon in autumn –

The human admitting itself,
hiding nothing but the belly-button
and the body's white confession,
a fine afternoon in autumn –

Except for one black child,
glittering like a quartz stone,
brighter than all the white,
a fine afternoon in autumn.

Aistriú

Aistrigh a cló cait
Id aigne go bean,
Agus chífidh tú
Go mba bhreá an bhean í
Dá mbeifeá id chat fireann.

Transformation

In your mind transform
this feline into a female
and you'll see
she'd make a gorgeous kitty
if only you were a tom.

Tar Éis Dom É Chur go Tigh na nGadhar

Ná bí am buaireamh a ghadhair,
Fáilte tú chuireas den saol,
Ba tú an fháilte a bhíodh fial romham,
Cé mé chuir deireadh led ré.

Taoi id aonar anois a ghadhair,
Más gadhar fós tú is nach scáil,
I measc do namhad gan trua duit,
Ag fanacht le goin do bháis.

Bhí do chroí gadhair fial, mór,
Ní raibh de mhaoin agat ach grá,
An dream a ghráis d'fheall ort,
Is gan ionat, monuar, ach gadhar fáin.

Bhí béasa gadhair tí agat,
Is támáilteacht gadhair fháin,
Níl ded ghrá rothaig sa mbith anocht
Ach a bhfuil im chroí ded chrá.

After Sending Him to the Dogs' Home

Quit hounding me, you cur.
I had to put you down.
You were my welcome of welcomes
and still I did away with you.

You're on your own now, you mutt,
that's if you're still there, not already a shade
among your executioners,
awaiting the jab of the needle.

You were always a big-hearted lapdog.
Your one gift to us was love
and we betrayed you
and you only a lost pup.

You had the manners of a house-trained dog
and the meekness of a stray.
Now all that's left of your unselfish love
is what dogs my aching heart today.

Solas

Do thit an oíche diaidh ar ndiaidh
Go dtí gur mhúch an uile rud,
Do dhein comhdhubh de dhubh is geal,
Do chaill cathaoireacha a gcruth,
Do chuaigh an seomra ar ceal,
Do shloig an dubh an uile chruth:
I mbroinn na doircheachta tá domhan,
Is féidir liom é bhrath lem láimh,
Níl fanta ach a chuimhne agam,
Is leisc lem chuimhne é athchruthú.

Do lasas solas is de gheit
Do saolaíodh seomra im shúil,
Do phreab cathaoireacha as dubh,
Do las mo mhéaranna ina riocht,
Is do chruthaigh solas domhan.

Do mhúchas solas is do mhúch
Mo dhá láimh is a raibh
Le feiscint roimis sin den mbith.

Nuair a bheidh mo sholas múchta ar fad
Fágfad domhan im dhiaidh 'na riocht,
Ach fágfad é sa doircheacht.

Light

Night fell bit by bit
till everything was naught.
Black & white merged to blackness.
Chairs lost their form,
the room disappeared.
Black deleted every shape:
there's a world in the womb of darkness.
I could trace it with my hand.
I'm left only with its memory.
memory is slow to create it.

I switch on the light. Abracadabra.
The birth of a room.
Chairs leap from blackness.
The shapes of my hands light up.
Light gives birth to the world.

I switch off the light.
My hands, everything of the world
that was visible, is kaput.

When my light is extinguished
I'll leave a world behind in shape,
but leave it in a state of darkness.

Bás Beo

Fuair sí bás ó anuraidh,
inléite ar a cló,
ní bean na bhfear í a thuilleadh
ach rud fuar gur ghéill sí dhó,
í féin an uaigh ina bhfuil sí curtha,
faraoir, beo.

Live Death

That she died a year ago
was writ all over her face,
no longer lit with that attractive glow,
succumbing to a dark place.
She's buried,
alas, alive in her case.

Obair

Oireann obair don pheacach,
ní mór dó í mar theannta,
gan í cé fhéadfadh seasamh lomnocht
i láthair a aigne, cúis scanraidh.

Work

Work suits the sinner.
He needs it as a cover.
Without it he's naked.
What a thought.

Ní Ceadmhach Neamhshuim

Níl cuil, níl leamhan, níl beach,
Dar chruthaigh Dia, níl fear,
Nach dualgas dúinn a leas,
Níl bean; ní ceadmhach neamhshuim
A dhéanamh dá n-imní;
Níl gealt i ngleann na ngealt,
Nár chuí dhúinn suí lena ais,
Á thionlacan an fhaid
A iompraíonn thar ár gceann,
Ár dtinneas-ne 'na mheabhair.

Níl áit, níl sruth, níl sceach,
Dá iargúlta iad, níl leac,
Bídís thuaidh, thoir, thiar nó theas,
Nár cheart dúinn machnamh ar a suíomh,
Le gean is le báidhíocht;
Dá fhaid uainn Afraic Theas,
Dá airde í gealach,
Is cuid dínn iad ó cheart:
Níl áit ar fuaid na cruinne
Nach ann a saolaíodh sinne.

Apathy Is Out

There's not a fly, moth, bee,
man, or woman created by God
whose welfare's not our responsibility;
to ignore their predicament
isn't on.
There's not a madman in Mad Valley
we shouldn't sit with
and keep company, since
he's sick in the head
on our behalf.

There's not a place, stream or bush,
however remote; or a flagstone
north, south, east or west
that we shouldn't consider
with affection and empathy.
No matter how far South Africa,
no matter how distant the moon,
they're part of us by right:
there's not a single spot anywhere
we're not a part of. We issue from everywhere.

Dom Chairde

Cuireann sibh olc orm agus ní gan fáth;
Seasaíonn bhur gcainteanna lánmhara,
bhur dtuairimí údarásacha,
bhur dtacaíocht d'bhur n-aicme bheag,
don éagóir atá ag an láidir á imirt ar an lag
sa domhan so inniu,
agus leis na mílte bliain,
ar scáth an teagasc éithigh,
tá sibhse fós a chraoladh,
thar ceann na fírinne dá gcreidfí sibh,
in ainm Chríost tá coillte agaibh:
troidfead sibh go bás,
cé sibhse mo chairde,
mar cloisim macalla ard
bhur gcainte, fan pasáistí
ar fuaid na staire,
ag déanamh eirligh,
ag satailt.

To My Friends

You make me livid and not without cause;
your conceited expressions,
your authoritative opinions
prop up your little clique,
indicative of the way the strong treat the weak
in the world today,
not to mention for thousands of years.
You hide behind the false doctrine
you proclaim
in truth's name.
In the name of Christ, who you castrated,
I'll fight you to the end
– though you're each my friend –
since I hear the high-pitched echo
of your palaver resounding down the corridor
of history,
wreaking havoc,
on the march.

Mise

Sin é,
Sin inspioráid,
Sin mise.
Níl d'inspioráid ar an saol domhsa,
Ach mise,
Ná duitse,
Ach tusa.
Ach cá bhfaighead é,
Sé sin mise?
Níl fáil air san áit a mbímse,
Ná ní san áit a mbíonn sé,
Ina aonar,
A bhímse,
Mar bímse ar aimsir ag an saol,
Sé sin,
Ag daoine seachas mise.
Fillfead air,
Sé sin ormsa,
Ar leaba ár mbáis.

Me

That's it.
That's inspiration.
That's me.
There's no inspiration in the world,
but myself.
The same is true
for you.
But where is he –
I mean, yours truly?
No sign of him where I hang out
and no trace of me wherever he may be,
off on his tod.
You won't find me
since I've given myself away to the world;
I mean
to others besides me.
But I'll meet him,
– I mean, me –
on our deathbed.

Tar Éis mo Bháis
After My Death

(1978)

Clónna Über Alles

Tá na clónna ag gabháil thart ar mire,
Cló na con, cló an duine,
Chonac anois beag sceitse de choin,
Ar chlúdach Mheasgra Dánta a hAon,
A deineadh tríocha bliain ó shin.
Tá an chú san sa tsíoraíocht anois,
Ach dá olcas tá an sceitse sin fuinte,
Tá na comharthaí sóirt fé leith a dheineann
Cú de ghadhar soiléir le feiscint:
Tá coin á síolbhú fós inniu,
Agus an cló san con orthu chomh tiubh
Mar an gcéanna leis an duine,
Tá a shainchló féin air lán chomh socair
Is bhí ar a mhacasamhail sa phortach,
Dhá mhíle bliain tar éis a churtha.
An mar seo tá an scéal mar sin –
Imeom ar nós an tsneachta anuraidh,
Ach fanfaidh na clónna fós ag filleadh,
Leis an bpointeáltacht chéanna cruinnis,
Ag iompar con is duine,
Ár macasamhail, ní sinne?

Forms, Above All

The forms tear madly around,
the hound form, the human form.
I just saw the image of a hound
on the cover of *Poetry Ireland*,
imprinted thirty years ago.
That hound is in eternity now.
But however the hound was drawn,
the features that distinguish
a hound from a dog are clear as day:
hounds are still being bred
with that distinctive hound-form.
This is also the case for a human.
He has his original form as surely
as his prototype dug up in a bog
two thousand years after burial.
Is this the story then –
we pass like last year's snow
while the forms keep emerging
with the same deadly accuracy,
revealing hound and human,
our correlatives, not ourselves?

Údar

Is é dúirt an t-údar so
Ná scríobhfadh focal go
mBeadh Gaeilge ar a thoil aige.

Do chaith sé a óige mhoch,
Is meán a aoise amach,
Is deireadh a laethanta,
Ag tóraíocht Gaolainne.

Ansan fuair bás de gheit,
Díreach is í aige.

Author

This particular author said
he'd not compose a word until
he was top notch in Irish.

He spent his youth,
middle age, right
to the end of his days
climbing Mount Irish.

Just as he made it,
he kicked the bucket.

Barra na hAille, Dún Chaoin, Lúnasa 1970

Dán Próis

Tá an dúthaigh seo ag rá rud éigin. Dá bhféadfaí é chur i bhfocail d'aithneofaí gurbh é an dúthaigh a dúirt. Tá an fharraige agus na carraigeacha, tá an féar agus gach fás á rá gur mar seo atá. Tá na daoine á rá. Bíd ina dtost á rá. Labhraidís nó bídís ina dtost is é atá siad a rá – cé nach é a deir siad. Ba mhór an fhuascailt dúinn ar fad é chlos i bhfocail, cé ná beadh aon nuacht ann. Tá sé ráite chomh tréan san ag an dúthaigh seo nach foláir é scagadh ó am go ham. Fulang is ea é.

Clifftop, Dunquin, August 1970

Prose poem

This locality is saying something. If it could be put in words then it would be known that this locality was saying something. The sea, the rocks, the grass, everything growing here says this is the way it is. The people say it. They say it when silent. It is what they say whether speaking or silent. Although it is not what they say. It would be a relief to hear it flushed out in words. It would be nothing new to us. It's said so forcefully by this locality that it must be examined from time to time. It is endurance.

Gaoth Liom Leat

Do bhuaileas leis an ngaoith is í ag dul abhaile
Do chasas ar mo sháil is abhaile liom léi,
D'aistrigh sí treo is fágadh mé ag taisteal
Fé mhearbhall i gcás idir dhá ghaoth.

A Dithering Wind

I met the wind on the way home.
I turned on my heel and went with her.
She switched direction and left me trekking on,
addled, caught between two winds.

Greg Delanty was born in Cork in 1958, and studied at University College Cork. He has lived in the US for the past 30 years, and teaches at Saint Michael's College, Vermont. He has edited or co-edited several anthologies and translations, including *Jumping Off Shadows: Selected Contemporary Irish Poetry* (with Nuala Ní Dhomhnaill, 1995), *Selected Poems: Kyriakos Charalambides* (2005), *The Word Exchange: Anglo-Saxon Poems in Translation* (with Michael Matto, 2011), and *Apathy Is Out: Selected Poems / Ní Ceadmhach Neamhshuim: Rogha Dánta* by Seán Ó Ríordáin (Bloodaxe Books / Cló Iar-Chonnacht, 2021).

His own *Collected Poems 1986–2006* (Carcanet Press, 2006) draws on seven collections, including *Cast in the Fire* (1986), *Southward* (1992), *American Wake* (1995), *The Hellbox* (1998), *The Blind Stitch* (2001), *The Ship of Birth* (2003), and a new collection, *Aceldama*. His inventive "translation" of imagined poets, *The Greek Anthology, Book XVII* (Carcanet Press, 2012), features poets including Kincellas Major, Longlius, Rosanna Daedalus, Clara Kritikos and a certain Heanius. His latest books of poetry are *Selected Delanty* (which only appeared in the US), selected and introduced by Archie Burnett (2017); and *No More Time* (2020). In March 2021 he was granted the inaugural David Ferry and Ellen LaForge Poetry Prize for his achievement in poetry. He has received many awards, including a Guggenheim for poetry. His papers up to 2010 are housed in the National Library of Ireland and those from 2010 to 2015 at University College Cork.

CPSIA information can be obtained
at www.ICGtesting.com
Printed in the USA
LVHW021910200921
698249LV00001B/1

9 781780 375366